# EXECUTIVO EM PELE DE LOBO

# EXECUTIVO EM PELE DE LOBO

**ESTRATÉGIAS MAQUIAVÉLICAS PARA EXECUTIVOS E LÍDERES DE TI**

TINA NUNNO

M.Books do Brasil Editora Ltda.

Rua Jorge Americano, 61 - Alto da Lapa
05083-130 - São Paulo - SP - Telefones: (11) 3645-0409/(11) 3645-0410
Fax: (11) 3832-0335 - e-mail: vendas@mbooks.com.br
www.mbooks.com.br

Dados de Catalogação na Publicação

Nunno, Tina
Executivo em Pele de Lobo: Estratégias maquiavélicas para executivos e líderes de TI / Tina Nunno.
2016 – São Paulo – M.Books do Brasil Editora Ltda.

1. Liderança   2. Estratégia   3. Administração   4. Recursos Humanos

ISBN: 978-85-7680-284-6

Do original em inglês: The Wolf in CIO's Clothing
Publicado originalmente por Gartner, Inc.

©2015 Bibliomotion, Inc.
©2016 M.Books do Brasil Editora Ltda.

Editor: Milton Mira de Assumpção Filho
Tradução: Ariovaldo Griese
Produção editorial: Lucimara Leal
Capa: Isadora Mira
Editoração: Crontec

2016

M.Books do Brasil Editora Ltda.
Todos os direitos reservados.
Proibida a reprodução total ou parcial.
Os infratores serão punidos na forma da lei.

# Você é um Executivo Lobo?

À medida que for lendo este livro, considere a sua própria abordagem às três disciplinas maquiavélicas: o Poder, a Manipulação e a Guerra. Com qual delas você mais se identifica?

# Dedicatória

Este livro é dedicado ao meu marido Frank.

Ao longo de minhas viagens, muitas pessoas pensaram em voz alta que tipo de homem seria casado com uma mulher como eu. Felizmente, para mim, a resposta é um homem maravilhoso com grande senso de humor, algo necessário para lidar comigo, e que sempre me apoia nos meus intentos, por mais absurdos que eles possam ser. Sem ele, não teria sido possível concretizar este livro.

# Sumário

Introdução ................................................................................................15

1. Almeje Ser um Lobo Maquiavélico ....................................................21
    Situações extremas exigem que nos inspiremos em animais ..................21
    Argumentar com base em dados nem sempre funciona .........................23
    Qual animal representa o seu perfil? ......................................................24
    O executivo de TI-Lobo é, ao mesmo tempo, cinzento e dualista ...........25
    O lado claro inspira lealdade .................................................................27
    O lado sombrio inspira medo .................................................................28
    A resposta do executivo de TI-Lobo jamais é isso ou aquilo, mas sim
        ambos .............................................................................................30
    Kit de Sobrevivência do Lobo ................................................................31

2. Domine as Três Disciplinas Essenciais do Lobo Maquiavélico: o Poder, a
   Manipulação e a Guerra ....................................................................33
    A prática leva à perfeição: desloque-se até os extremos com habilidade ......33
    Os líderes precisam dominar as disciplinas do poder, da manipulação e
        da guerra ........................................................................................36
    Adote o comportamento de animais radicais para fortalecer o seu Lobo
        interior ............................................................................................38
    Ecossistema de Animais Radicais ........................................................39
    Princípios do Ecossistema de Animais Radicais ...................................40
    Um Lobo sem os extremos é simplesmente um cão ..............................41
    Você vem do lado luz, portanto nós vamos para o lado sombra ..............42
    Kit de Sobrevivência do Lobo ................................................................43

PARTE 1: PODER ......................................................................................45

3. Reconheça o próprio Poder e o Aumente Exponencialmente ............47
    Trate o poder como um constructo eticamente neutro ...........................47
    Use a natureza onipresente da TI para se tornar mais poderoso em vez
        de vulnerável ..................................................................................49
    Ecossistema de Animais Radicais ........................................................51
    Executivos de TI-Cordeiros fazem um grande esforço para agradar e
        serem apreciados ...........................................................................51

# 10 Executivo em Pele de Lobo

Os executivos de TI-Leão se esforçam para serem fortes e capazes de
executar.................................................................................................53
Um Lobo não é um Cordeiro nem um Leão, mas ambos........................54
Kit de Sobrevivência do Lobo..................................................................55

**4. Priorize com Força e Elegância** .................................................................**57**
Se você tiver a capacidade de dizer "não", diga "não"..........................57
Evite dar poder a pessoas que não o utilizarão de forma inteligente.......59
Use pulso firme para orientar as decisões sobre prioridades.................60
O Lobo combina força e elegância para beneficiar a empresa................61
Trate os projetos prediletos como uma fonte de poder e não como um
pesadelo ................................................................................................62
Kit de Sobrevivência do Lobo..................................................................63

**5. Irradie Poder Rosnando, e não Rugindo Sua Reputação**...........................**65**
Decida qual reputação quer ter e não deixe isso ao sabor da maré........65
Não é sua tarefa como executivo de TI ser objetivo; a sua tarefa é contar a
história ..................................................................................................67
A percepção tem de coincidir com a realidade, mas não perfeitamente.....68
Os executivos de TI-Lobo protegem sua reputação rosnando e não se
tornando alvos fáceis............................................................................69
Kit de Sobrevivência do Lobo..................................................................71

**6. Certifique-se de que Ninguém Esteja Sempre no Comando, Exceto Você**........**73**
Ninguém deve ter sempre tudo o que deseja..........................................73
Pedir colaboração ou permissão demais é igual a ceder o seu poder.......75
Leões se sentem à vontade com o controle, porém, certas vezes à vontade
demais....................................................................................................77
Lobos calculam o risco de deliberadamente não fazerem aquilo que lhes é
mandado ................................................................................................78
Kit de Sobrevivência do Lobo..................................................................79

**7. Vá atrás de Dinheiro, mas Não Permita que Ele o Engane** .........................**81**
Ter dinheiro torna um executivo de TI poderoso e, ao mesmo tempo,
vulnerável..............................................................................................81
Você pode estar pagando, mas isso não significa que detém o poder.......83
Lobos mantêm os colegas desconfortáveis em vez de deixá-los à vontade.....85
Kit de Sobrevivência do Lobo..................................................................87

**8. Reconheça Lobos mais Fortes e Saiba Quando Ser um Cordeiro**.................**89**
Às vezes o seu objetivo é ser bem-sucedido na escolha entre ruim e pior.......89
Uma vitória parcial é melhor do que nenhuma vitória ............................91
Certas vezes, você realmente é o bode expiatório..................................92

## Sumário · 11

Algumas vezes, o Cordeiro triunfa..................................................93
Kit de Sobrevivência do Lobo........................................................96

**PARTE 2: MANIPULAÇÃO**........................................................**99**

**9. Manipule ou Corra o Risco de Ser Manipulado**.........................**101**
A honestidade nem sempre é a melhor política em todas as situações..........101
A manipulação é o lado sombrio da influência.................................102
Executivos de TI devem superar situações propícias a serem manipulados..103
Ecossistema de Animais Radicais: Manipulares Binários.......................105
Pombo: os extremos oferecem equidade e estrutura ..........................106
Serpente: os extremos oferecem adaptabilidade e subterfúgio ...............107
O Lobo se esforça para usar a manipulação de modo altruísta e não em
    benefício próprio.....................................................109
Kit de Sobrevivência do Lobo........................................................109

**10. Trate seus Colegas como Amigos, mas Parta do Princípio
que São Inimigos**..................................................................**111**
Quanto mais tiverem a perder, maior a probabilidade de eles se voltarem
    contra você...........................................................111
As Serpentes não tomam nada por certo ....................................113
Para encontrar as verdadeiras intenções, vá até a fonte...................114
O Lobo espera pelo melhor, mas planeja para o pior.......................115
Kit de Sobrevivência do Lobo........................................................117

**11. Trate as Informações como uma Arma e Não Deixe a Arma
Carregada Apontada para Você** ............................................**119**
Se ele errar o primeiro tiro, não dê ao seu inimigo uma arma mais
    poderosa..............................................................119
Uma Serpente sabe como ocultar informações à vista de todos............121
Compartilhar dados em demasia conduz à falta de confiança e de
    credibilidade.........................................................121
O Lobo divide aquilo que é necessário, mas nenhum pouquinho além..........122
Kit de Sobrevivência do Lobo........................................................124

**12. Reconheça que Geralmente o Herói é o Incendiário; Portanto, Não
Atice o Fogo**.........................................................................**125**
Não acione o hidrante ao atender um alarme falso...........................125
Pombos entram rapidamente na casa em chamas e tentam resgatar
    o peixinho dourado no aquário........................................126
Algumas vezes você é a própria Serpente na pele de um herói...............127
Lobos interrompem o ciclo para criar comportamentos mais saudáveis e
    melhores resultados..................................................129

**12**    Executivo em Pele de Lobo

Dê a eles o que realmente querem, e não o que pediram.................................130
Kit de Sobrevivência do Lobo..............................................................132

### 13. Impeça, de forma implacável, que os Outros Desperdicem o Tempo da Área de TI..................................................................................135
Se você não tratar o seu tempo como valioso, ninguém o fará........................135
Uma atitude de Pombo diminui o seu *status* e prejudica as parcerias.............136
Serpentes dão pronto atendimento fornecido pela pior equipe de projetos que tiverem..................................................................................137
Um Lobo exige reciprocidade e responsabiliza todos..................................138
Kit de Sobrevivência do Lobo..............................................................140

### 14. Combine o Poder do Lobo com as Táticas de Manipulação para Maximizar o Impacto...................................................................143
Use o poder para gerar impacto e a manipulação como sistema de mira.......143
Aplique bombardeios de precisão para impedir que pequenos problemas se transformem em grandes problemas.................................144
Sufoque uma rebelião logo de início mirando o meio da multidão..................145
Use um bombardeio de precisão para evitar que efeitos colaterais acabem lhe atingindo...............................................................147
Evite a prática de bombardeio para evitar futuro descontentamento.............148
Esteja preparado para o fato de suas pegadas o incriminarem.....................150
Kit de Sobrevivência do Lobo..............................................................151

### PARTE 3: GUERRA.........................................................................155

### 15. Torne-se Perito em Guerras de Expansão Multilaterais para Desenvolver a Empresa e a Área de TI.........................................157
Intensifique e amplifique multilateralmente a manipulação e o poder...........157
Os métodos de guerra unilaterais são úteis, mas instáveis..........................158
Ecossistema de Animais Radicais: Animais de Guerra Binários.....................160
Os Golfinhos são muito sociáveis e podem consumir grandes volumes de informação...............................................................................161
Os Tubarões matam com extrema intolerância, deixando poucos sobreviventes..........................................................................162
Na guerra, os Lobos são tanto Golfinhos quanto Tubarões...........................164
Kit de Sobrevivência do Lobo..............................................................165

### 16. Envolva os Tenentes para Aumentar o seu Poder e Manipulação.........167
Use sua equipe de TI para obter capilaridade ou a reduza...........................167
Os Golfinhos devem evitar criar equipes muito grandes, para poder controlá-las.........................................................................169
Os Tubarões devem evitar incutir medo e paralisar os seguidores.................170

Os Lobos exigem comportamento de alcateia de seus membros ....................172
Os Lobos aumentam o seu poder através da clareza e da disciplina ..............173
Os Lobos aumentam a manipulação através de coordenação e delegação...175
Kit de Sobrevivência do Lobo..........................................................................176

**17. Faça Alianças Fortes para Expansão, mas Escolha os Métodos Apropriados**..............................................................................................**179**

Há três maneiras de fazer alianças: quanto menor o custo para formá-las, maior o risco envolvido ......................................................................180

Os Golfinhos estabelecem alianças entre iguais que se desintegram no lado sombra ............................................................................181

Os Tubarões são a favor do jogo de poder "ou tudo ou nada" ........................182

Os Lobos usam estratégias multilaterais em federações ................................184

Os Lobos maximizam a minoria para conseguir uma aliança duradoura........186

Os Lobos são oportunistas e tiram o máximo proveito de cada crise..............187

Kit de Sobrevivência do Lobo..........................................................................189

**18. Combata em Várias Frentes para Evitar ser Encurralado pelo Inimigo** .............**191**

Amplie sua capacidade, sempre lutando em várias frentes, mas não exagere ............................................................................................191

Os Golfinhos se deixam encurralar e limitam suas oportunidades de crescimento ........................................................................................193

Os Tubarões são desconfiados e lutam nas frentes que seus colegas preferem evitar....................................................................................194

Os executivos de TI-Lobo optam por travar batalhas que ninguém imaginaria... 195

Lobos cinzentos transferem a frente de investida para o "espaço vazio" e assumem a responsabilidade ............................................................197

Kit de Sobrevivência do Lobo..........................................................................198

**19. Crie Armas de Destruição em Massa pela Multiplicação de Forças**............**201**

Algumas vezes a alternativa é a falta de alternativas ....................................201

Um auditor com uma planilha é um multiplicador de forças ..........................202

A imprensa e a ameaça de escrutínio público são multiplicadoras de força exponenciais......................................................................................204

Certas vezes, a arma mais poderosa é ter paciência para deixar que os inimigos se autodestruam ....................................................................206

Kit de Sobrevivência do Lobo..........................................................................208

**HOJE**..................................................................................................................**211**

**20. Um Lobo Deve Dar um Passo de Cada Vez** ............................................**213**

Este é o seu último Kit de Sobrevivência do Lobo ..........................................213

Aprecie o animal que você é hoje ....................................................................214

**14**  Executivo em Pele de Lobo

Se estiver em uma empresa do bem, você é um felizardo.................................214

Permaneça tempo demasiado no lado do bem e passe a correr o
risco de se tornar a presa ..........................................................................215

Permaneça tempo demasiado no lado sombrio e passe a correr o
risco de se tornar uma ameaça...................................................................215

O Lobo cinzento sempre tem uma pata no lado luz e a outra no lado
sombra.........................................................................................................215

Os aspirantes a Lobo terão que transitar nos extremos para reforçar
o centro.......................................................................................................216

Um Lobo não é nem um Cordeiro nem um Leão poderoso, mas ambos
ao mesmo tempo.........................................................................................216

Um Lobo não é nem Pombo nem Serpente, mas ambos ao mesmo tempo......217

Um Lobo não é nem Golfinho nem Tubarão belicoso, mas ambos ao
mesmo tempo..............................................................................................218

Se você se encontra em uma situação hostil hoje, pode ser culpa
sua. E daí?...................................................................................................218

Muitas vezes o conflito é sinal de sucesso; portanto, aceite-o.......................219

Você cometerá erros; o objetivo não é a perfeição........................................219

Nem sempre o executivo de TI-Lobo está destinado a ganhar........................220

Inspire-se em outros aspectos de sua vida....................................................220

Se você não gosta das regras, provavelmente elas são suas; portanto,
mude-as.......................................................................................................220

Não peça permissão para ser um executivo de TI-Lobo; simplesmente
se torne um..................................................................................................221

Seja, sobretudo, digno de ser seguido ..........................................................221

**Agradecimentos**.................................................................................................**223**

**Sobre a Autora** ..................................................................................................**224**

# Introdução

Na posição de líder, você se considera predador ou presa? Você é um lobo ou um cordeiro? Em outras palavras, qual animal melhor descreve o seu estilo de liderança? Você é um lutador, um protetor ou um aliado formidável? Acima de tudo, o que você defende e no que acredita como pessoa e como líder? Você está disposto a lutar pelo que acredita e seria capaz de proteger o que valoriza?

Estas podem parecer perguntas incomuns a serem feitas para executivos de TI, futuros executivos e líderes de TI para os quais escrevi este livro. Seus respectivos líderes e colegas provavelmente não fariam tais perguntas e não pensariam a seu respeito desse modo. No máximo, veem você como um prestador de serviços. E geralmente eles esperam que os prestadores de serviços façam o que lhes for solicitado, quando forem de fato solicitados, não importando o quão desmedido ou absurdo seja o pedido.

Ao mesmo tempo, muitos executivos e conselhos de administração reconhecem o papel transformador da tecnologia. Eles viram o seu poder de transformar radicalmente modelos de negócios e de fornecer vantagem competitiva extraordinária. Portanto querem usar a tecnologia de modo criativo e estratégico para alcançar esta vantagem competitiva e dizem preferir líderes de TI que irão quebrar o padrão rotineiro, liderar mais agressivamente e trabalhar com eles para moldar um novo futuro digital.

Por que isso acontece? Analisemos alguns dados. No ano em que este livro foi publicado, mais de 4.500 executivos de TI responderam um questionário para tomarem conhecimento de seu perfil profissional. Esse teste está disponível em inglês no site www.gartner.com/wolfquiz. Em recente conversa com um cliente, eu disse a ele que 47% dos participantes da pesquisa apresentaram características de Lobo. Ele me perguntou: "Então, por que não fizemos progresso?".

Eis a resposta: é dito aos líderes de TI com perfil de Lobo que eles devem voltar ao modelo de prestadores de serviço. Infelizmente, muitos deles acatam isso. Os altos executivos da empresa e seus colegas da área comercial, que dizem querer líderes de TI, perdem os prestadores de serviços que faziam aquilo que eles mandavam. Ou eles se sentem ameaçados pelo novo predador do pedaço em vez de acolhê-lo no grupo.

Os líderes não entendem a verdadeira dinâmica da liderança, que precisa mudar para que os executivos de TI possam ser bem-sucedidos e para que suas empresas usem a tecnologia para vencer. Para que esses dois resultados positivos possam acontecer, os líderes de TI e seus colegas devem reconhecer fatos concretos simples.

Primeiramente, os predadores somente se juntam a outros predadores. Os predadores não se juntam a presas. Os prestadores de serviço são presas. Os predadores manipulam as presas. Eles não fazem parceria com elas.

Conversei com alguns executivos que não são da área de TI e estes afirmaram: "Meu executivo de TI não é um líder; ele faz apenas aquilo que lhe dizem para ser feito". Esses executivos estão apontando para esta inquietante realidade: quando simplesmente fazemos aquilo que nos pedem, nos tornamos invisíveis. Os líderes não são invisíveis ou maleáveis; eles demonstram uma presença própria.

Em segundo lugar, os líderes de TI relutam em assumir o papel de predador. Os predadores metem medo; portanto, eles precisam ser maus, não é mesmo? Errado. Apenas pelo fato de meter medo em alguém não significa que você seja um cara mau. Mas nos momentos difíceis, se você mete medo, vou querê-lo do meu lado.

Recentemente, conversei com um líder de TI que não se considera um Lobo. Ele me contou que recentemente havia lidado com um colega da área comercial que lhe enviou um e-mail depreciativo sobre um dos membros de sua equipe. Ele se dirigiu resoluto para a sala do colega e deixou bem claro porque ele não deveria nunca mais falar a respeito de um de seus funcionários daquela maneira. Apenas depois de ele ter pedido desculpas e prometido se comportar adequadamente, a questão que o interessava no campo da TI foi tratada.

Olhei para ele e falei: "Você não tem ideia do quão Lobo é!". Ele defendia sua equipe com unhas e dentes e tinha tanto o poder quanto a habilidade de estabelecer limites de modo a protegê-la. "Você é, sem dúvida, um Lobo."

É importante notar que o corolário inverso sobre o ato de incutir medo também não é verdadeiro. O simples fato de alguém ser bom não significa que esta pessoa seja o mocinho.

Consideremos uma outra conversa recente que tive com um executivo de TI *bom* (poderíamos chamá-lo de Golfinho, perfil sobre o qual falaremos alguns capítulos à frente) que adora sua empresa, a qual cresce rapidamente. Seu desafio era a rotatividade do pessoal de TI (que girava em torno de doze a dezoito meses) provocada por uma carga de trabalho massacrante. Essa carga de trabalho insustentável se devia à incapacidade de eles dizerem "não". Eles nunca recusavam um pedido. Nunca. Por quê? "Não queremos passar a sensação de falta de cooperação ou deixá-los descontentes", disse-me ele. Perguntei o que ele iria fazer a este respeito e sua resposta foi: "Estou contratando mais gente para a área de TI". Mas essa não era a resposta certa.

Falo diariamente com executivos de TI do mundo todo que estão nessa mesma situação. Eles são pessoas boas e bem-intencionadas que estão tentando contentar outras pessoas. Devemos reconhecer que "contentar" não é um objetivo empresarial. Os prestadores de serviços buscam contentar. Os líderes buscam crescimento, vantagem competitiva, aperfeiçoamento da missão e gestão de custos.

Infelizmente, prestadores de serviços de TI "bonzinhos" muitas vezes sacrificam suas equipes de TI e as tornam descontentes em vez de correrem o risco de descontentar os outros. Eles optam por não estabelecer limites (ou pelo menos lhes falta coragem para tal) de modo a proteger suas equipes e acabam, inadvertidamente, colocando em risco tanto suas equipes quanto suas empresas. Em geral, eles ficam com trabalhos de baixo valor até o pescoço, resultado de pedidos para os quais não conseguem dizer "não", em vez de proativamente buscar iniciativas estratégicas próprias.

Qual seria a alternativa? Ser bom *e* amedrontador. Como um Lobo. Coloque para fora o seu Lobo interior e a proteja sua equipe e empresa. Permita-me deixar claro: este livro não é uma desculpa para que você se comporte de maneira irresponsável, egoísta ou malevolente. Na realidade, propositadamente tento tirar proveito dos ensinamentos de Maquiavel. Explico.

Sou descendente de italianos de primeira geração. Meus pais emigraram para os Estados Unidos já adultos e fui criada em uma grande comunidade ítalo-americana de Connecticut. Os italianos veem o conflito como um esporte recreativo. Se eles tivessem criado os Jogos Olímpicos, falar aos brados durante o jantar teria se transformado em uma prova. Da mesma maneira seria proteger a família. Chegamos quase a nos matar no dia a dia, mas ninguém de fora mexe com a família sem graves repercussões.

A maior parte das pessoas ao ouvir falar de Maquiavel pensa: "Ele era mau". Já os italianos, ao ouvirem o nome Maquiavel pensam: "É isso aí". Geralmente Nicolau Maquiavel é distorcido, mal-entendido e mal interpretado. Ele foi um estudante de história e do comportamento humano. Viveu em tempos de guerra e vivenciou o caos e a destruição que ela criou. Foi testemunha de que, quando pessoas boas não têm habilidade ou poder, tudo o que elas valorizam cai nas mãos de pessoas que querem o que elas têm. Maquiavel acreditava em líderes benevolentes dispostos a lutar para criar algo de valor, para depois lutarem para protegê-lo.

Somente você pode decidir pelo que está disposto a lutar e qual a melhor maneira de proteger a sua equipe e empresa. O objetivo do meu livro é fornecer a você ferramentas práticas e um modo de pensar novo para ajudá-lo a se defender, a defender a sua equipe e empresa, bem como a criar algo de grande valor.

Previna-se. Para conseguir isso, talvez seja preciso partir para o lado mais sombrio. Mas ao fazê-lo, você ajudará a criar muito mais luz.

# 1. Almeje Ser um Lobo Maquiavélico

*Deve então um príncipe saber como empregar a*
*natureza humana bem como aquela das feras...*
*sendo necessário a um príncipe saber bem como*
*empregar a natureza das feras,*

*ele precisa ser capaz de incorporar tanto a natureza*
*da raposa quanto a do leão; pois este não é capaz*
*de escapar das ciladas armadas contra ele,*
*ao passo que a primeira não é capaz de se defender contra*
*os lobos.*

*Um príncipe precisa ser uma raposa para estar ciente*
*das armadilhas e ciladas bem como um leão para*
*poder assustar os lobos; aqueles que adotam*
*apenas a natureza do leão, não sabem governar.*

Maquiavel, *O Príncipe*

## Situações extremas exigem que nos inspiremos em animais

Maquiavel nos aconselha que um líder deve pensar como um animal, pois geralmente os líderes estão em combate. A administração tradicional recomenda que, se os executivos seguirem procedimentos, processos e metodologia apropriados, eles não encon-

**22** Executivo em Pele de Lobo

trarão grandes problemas. Entretanto, a realidade demonstra que, muitas vezes, os executivos de TI se veem diante do desafio de enfrentar a extraordinária velocidade com que a TI muda, além das expectativas crescentes e exigências cada vez maiores em vista da redução de receitas e recursos. Em geral, quanto maiores forem as expectativas da empresa em relação ao departamento de TI, maiores serão os possíveis conflitos a serem enfrentados pelos executivos de TI.

O executivo de TI de hoje deve almejar ser um Lobo. Maquiavel recomenda que os líderes devem se inspirar em duas "feras": a raposa para evitar as armadilhas e o leão para assustar os lobos. Mas para os executivos de TI, certamente, o animal que deve servir como inspiração é o Lobo – um equilíbrio ideal entre uma criatura inteligente e social capaz de inspirar seguidores fieis e criar afinidade de grupo e o predador impiedoso capaz de liderar um bando de fortes guerreiros, de vencer dentro de um ambiente competitivo e de comandar um grande território.

Os executivos de TI devem demonstrar todas estas qualidades para dirigir organizações de TI altamente complexas com um raio de ação em contínua evolução, à medida que as capacidades específicas da área de TI aumentam o seu alcance e escopo globalmente, através da tecnologia dos dispositivos móveis e das mídias sociais. O território do executivo de TI não é mais o CPD escondido. Hoje, ele tem potencial de alcance tão amplo quanto a tecnologia lhe permitir. Mas, assim como no Império Romano, ter um grande território a ser protegido tem como consequência maiores riscos.

Consideremos o seguinte cenário. Os colegas de um líder de TI reclamam: "Não temos TI suficiente"; "Não temos uma TI suficientemente rápida e barata"; ou então, "Por que não termos computação em nuvens?"; "Que tal um *big data* de verdade?"; "Por que não uma estratégia digital?"; "Por que a TI não está gerando vantagem competitiva?". "Um amigo me contou que um líder de TI faz tudo isso por uma fração do dinheiro que estamos gastando e tudo disponível em tablets e smartphones". "Por que o executivo de TI não pode simplesmente fazer o que pedimos em relação à TI (isto quando pedimos) ou então, preferivelmente, antes mesmo de termos pensado no assunto?"

Tudo isto lhe parece familiar? Quando confrontados pelas partes interessadas descontentes ou por críticas do desempenho da TI, tradicionalmente os líderes têm se apoiado em argumentos fracos como: *faltam recursos e pessoal para TI, ela não faz parte da pauta de reuniões (sejam elas de fundo estratégico ou não) e, finalmente, como poderíamos fornecer algo que vocês nem mesmo solicitaram ou que até ontem não sabiam que queriam? Não, não é possível providenciar para vocês inovações sensacionais e tecnologias que surgem a todo momento quando estou ocupado "apagando incêndios" em sistemas legados que não recebem investimento suficiente enquanto vocês permitem que outros departamentos da organização gastem dinheiro com TI, para em seguida jogá-lo em nosso colo para que façamos a sua manutenção sem termos a mínima condição. O quê? Você quer contratar um novo executivo de TI? Você não deu ouvidos ao que eu acabei de lhe dizer? Bem, espere; deixe-me explicar novamente...*

## Argumentar com base em dados nem sempre funciona

A natureza empírica e baseada em dados dos executivos de TI é um ponto positivo tremendo. Ela os ajuda a lidar com a natureza complexa e detalhada da TI, que normalmente é difícil para seus colegas de outras áreas entenderem. Ela pode ser um ponto forte ao lidar com outros colegas que acreditam na tomada de decisões empírica e orientada por dados. Infelizmente, embora muitos de nós sejamos afortunados pelo fato de as partes interessadas serem orientadas por dados parte do tempo, pouquíssimos executivos de TI poderão dizer que as partes interessadas baseiam suas decisões em dados a todo momento. Em geral, a política da organização se sobrepõe e a tomada de decisão "racional" é sacrificada em detrimento de instintos básicos de sobrevivência, quando as empresas estão sob pressão de receitas em declínio, orçamentos mais enxutos ou concorrência acirrada. Em tais situações, os dados simplesmente não funcionam.

Para estar pronto para qualquer eventualidade, o executivo de TI deve ser um Lobo. Os Lobos são predadores. Nenhuma espécie dentro do reino animal se alimenta de lobos. Infelizmente, se você, em uma situação de confronto, agir apenas racionalmente argumentando com dados, estará agindo como caça e correrá o risco de acabar virando presa fácil para o outro.

## Qual animal representa o seu perfil?

O animal escolhido por você poderia ser um coelho fofinho. Os coelhos são criaturas adoráveis e muito simpáticas. Infelizmente, eles são presas fáceis e praticamente todas as demais espécies do reino animal podem comê-los. A abordagem que muitos executivos de TI adotaram para combater hostilidades pode ser descrita assim: "Os executivos de TI são amigos, não comida". Esta abordagem é admirável. Estes executivos almejam ser simpáticos e irão argumentar que seu papel é dar condições para suas empresas fazerem negócios e apoiá-las de todas as maneiras possíveis. Eles acreditam que se todos simplesmente brincassem juntos e felizes no *playground*, todo tipo de valor estratégico a ser obtido da TI, de repente, surgiria.

Esta abordagem muitas vezes funciona – até o dia em que ela não funcionará mais. Quando algo dá errado (em geral, alguma decepção relacionada com o departamento de TI), o ambiente em torno do executivo de TI e seu departamento se tornam hostis. Algumas vezes, isso é até justificável, contudo nem sempre. Em outros casos, a área de TI pode conquistar terreno além daquele seu tradicional dentro da empresa ao conseguir realizar algo de grande sucesso, ameaçando o território de outros colegas. Isso é verdade para as áreas de marketing, vendas e gestão de clientes, em que as tecnologias digitais tornaram obscuras as fronteiras entre a área de TI e as outras unidades do negócio. As reações de colegas podem ser desprezo em vez de apreço, e o executivo de TI deve ter em mãos uma série de ferramentas para reagir.

## O executivo de TI-Lobo é, ao mesmo tempo, cinzento e dualista

O executivo de TI-Lobo apresenta um conjunto específico de comportamentos e táticas de liderança que todos podem desenvolver ajustando sua forma de pensar em relação aos conflitos e assumindo riscos calculados. Alguns desses comportamentos e táticas de liderança parecem dualistas e podem ser descritos como "escuro" ou "claro". Como a maioria dos lobos selvagens, os executivos de TI com tais qualidades são um misto de claro e escuro e, por isso, parecem cinzentos. Eles são capazes de ir a extremos dualistas quando preciso, mas no geral vivem no complexo intervalo, quando é mais fácil falar do que fazer.

Consideremos Chris, um executivo de TI que chegou a acreditar que seu subordinado direto, Tim, estava tentando roubar o seu emprego. Chris descobriu que Tim andava falando mal dele para outros colegas e para o diretor financeiro, ao qual Chris era subordinado. Tim, ao que parece, havia repetidamente afirmado que poderia realizar um trabalho melhor que o de Chris, que, na sua opinião, tinha uma série de deficiências. Chris despediu Tim. Teria Chris feito a coisa certa? Provavelmente, Maquiavel responderia que sim.

Uma das mais famosas citações normalmente atribuída a Maquiavel foi algo que ele jamais teria dito: "Os fins justificam os meios". Contudo, Maquiavel fez comentários similares e provavelmente teria concordado com o parecer, caso "o fim" fosse o bem da República em vez de uma vantagem pessoal. Maquiavel viveu os horrores da guerra e do caos e acreditava no papel dos grandes líderes para evitar ou minimizar tais tragédias. Portanto, Maquiavel poderia argumentar que, se Chris acreditava que ele estava agindo em defesa dos interesses da empresa ao permanecer na liderança e despedir Tim, então ele havia feito o que precisava ser feito. O certo e o errado não podem ser determinados empiricamente neste caso; há toda uma zona nebulosa no entremeio.

Os executivos de TI-Lobos são orientados a fazer aquilo que é melhor para a empresa e estão dispostos a sacrifícios para proteger e alavancar o todo. Liderança é, ao mesmo tempo, um privilégio e um ônus. Chris, assim como muitos executivos de TI que tiveram de despedir funcionários, terá que suportar o encargo pessoal e de liderança de ter de despedir Tim. Isso faz parte da prerrogativa de liderar o departamento de TI e seus respectivos membros. Executivos que não estejam dispostos a aceitar o encargo de tarefas árduas podem, inadvertidamente, colocar em risco suas empresas, seus departamentos e a eles próprios.

## O lado claro inspira lealdade

Os comportamentos de liderança brandos são positivos e inspiradores. Eles criam seguidores leais e entusiastas. Os executivos de TI precisam da colaboração dos "sócios" em vários níveis e envolvendo várias unidades de negócios para implementar de forma bem-sucedida complexas iniciativas relativas à TI. As iniciativas mais estratégicas e de alto valor exigem criatividade e entusiasmo tanto por parte da iniciativa em si quanto do líder. Entre estas temos inovações, programas de crescimento de primeira linha e a criação de novos mecanismos de diferenciação competitiva. Quando as iniciativas de TI exigirem criatividade e inspiração, os executivos de TI devem tender para o lado claro.

Os executivos de TI devem adotar os seguintes comportamentos:

- Usar incentivos positivos, habilidade no trato social e colaboração para criar lealdade e angariar seguidores.
- Demonstrar um sólido senso de valores e comunicá-los claramente.
- Ouvir e demonstrar empatia e se preocupar com os outros, em todos os níveis da organização.
- Ser precavido, sabendo quando não se envolver em litígios e permanecer vivo para enfrentar um outro dia.
- Mostrar abnegação e se esforçar para dar mais do que recebe.
- Almejar ser visto como inspirador e digno de ser seguido.

Quando os executivos de TI adotam tal comportamento, os seguidores em geral sentirão admiração por eles. Eles se sentirão bem por fazerem parte da comunidade do líder e serão leais e entusiasmados no trabalho. Eles respeitarão o sistema de valores do líder, a maneira como ele trata os outros e os objetivos que estão em busca juntos. Isso cria uma verdadeira e perceptível sensação de proximidade entre o líder e a sua equipe, comportamento que normalmente atrairá mais pessoas ao longo do tempo.

Infelizmente, não se pode depender apenas de comportamentos brandos. Parte dos funcionários talvez não tenha os mesmos valores do executivo de TI e, consequentemente, não se inspirarão neles. Talvez a prioridade deles seja um maior foco em si mesmos em vez de na empresa ou talvez eles sejam fiéis a um outro executivo e, portanto, se achem em conflito com os objetivos do executivo de TI. O problema é que as relações próximas estabelecidas em tais equipes podem deixar o líder de TI vulnerável e sujeito a ataques com menos opções para defesa. Consequentemente, os líderes também precisam criar seus arsenais de comportamentos sombrios.

## O lado sombrio inspira medo

Comportamentos sombrios são negativos e inspiram medo. Eles podem trazer de volta para a "alcateia" seguidores desgarrados e impedir ataques sobre o território do executivo de TI ou da equipe, garantindo que nenhum possível inimigo os considere como alvo fácil. Tomemos como exemplo Chris despedindo Tim. Para o bem ou para o mal, a atitude de Chris dá a mensagem necessária para outros possíveis usurpadores, fazendo com que estes pensem duas vezes antes de tentarem usurpar o executivo de TI, como fez Tim. Este exemplo também oferece a mensagem para os outros executivos de que Chris não está apenas desejoso de partir para o lado sombrio e realizar algo difícil, mas também que ele pode ter um apetite particular para isso. As táticas sombrias são úteis quando um líder necessita simplesmente de submissão e obediência ou então quando ele precisar transmitir uma mensagem firme, mas não espera ter ou não necessita entusiasmo por parte dos outros.

Os executivos de TI devem demonstrar ter os seguintes comportamentos sombrios:

- Usar deliberadamente poder e incentivos negativos quando necessário para conseguir subordinação.
- Demonstrar habilidade em fazer escolhas éticas e de valor quando não houver uma situação onde todos possam sair ganhando.
- Proteger seu território e seguidores, punir possíveis ameaças e, se necessário, expandir o território.
- Sempre que possível evitar batalhas, sendo forte, ameaçador e influenciando os adversários.
- Correr riscos calculados (em vez de temerários) e saber lidar com ataques crescentes e de grande escala.
- Almejar ser visto como um líder a ser considerado seriamente e digno de uma forte aliança.

Quando os executivos de TI adotam esse tipo de comportamento, são vistos como fortes e formidáveis. Seus funcionários e colegas os respeitam e irão segui-los, pois sabem que tais líderes podem conseguir realizar projetos, atuando como seus provedores e protetores. Consequentemente, eles se sentem seguros fazendo parte da equipe. Eles sabem que o líder exerce o seu poder sombrio em defesa de seus seguidores e amigos, não contra eles. Obviamente, o problema é que eles serão protegidos apenas enquanto se mantiverem leais ao líder.

Poucos livros de liderança focam no lado sombrio como Maquiavel fez em suas obras. Isso normalmente se deve à falsa suposição de que tal tática é destrutiva ou não garantida e que atende apenas aos interesses do líder. E, de fato, quando um líder usa exclusivamente táticas sombrias, ele pode até ser visto como interesseiro ou muito poderoso e ameaçador para continuar a existir. Porém, quando os líderes usam táticas sombrias de modo apropriado em defesa de suas equipes e empresas, eles se tornam fortes protetores, defensores efetivos de suas causas e capazes de nutrir e de se preocupar com aquilo que construíram.

## A resposta do executivo de TI-Lobo jamais é isso ou aquilo, mas sim ambos

Uma das dúvidas mais comuns sobre liderança é: o que é melhor, ser apreciado ou respeitado, ser amado ou odiado, ser admirado ou detestado? As obras de Maquiavel e as experiências de executivos de TI sugerem que estas não são simples escolhas binárias. Embora gostássemos de acreditar que podemos nos dar ao luxo ou, quem sabe até mesmo ter um mandato societário, para nos situarmos exclusivamente no lado claro, na realidade, um líder tem de optar por dominar ambos os lados caso queira ser bem--sucedido. Ser apreciado é tremendamente útil, particularmente quando as coisas vão mal, já que muitas vezes esta afeição é a única ferramenta que poderá dar ao líder uma outra chance para ser bem-sucedido. Quando ser admirado não funciona, o que certas vezes acontece, é útil ser abominado. Apenas através da exploração dos extremos, da luz e da sombra, um líder poderá aumentar a sua força e se desenvolver até se transformar em um cinzento e maduro líder maquiavélico.

### Kit de Sobrevivência do Lobo

Tendo lido até aqui, agora você é um membro honorário da alcateia. Transformar-se em um maduro executivo de TI-Lobo é uma jornada. Para ajudá-lo nesta jornada, no final de cada etapa você encontrará um "Kit de Sobrevivência do Lobo" contendo itens a serem lembrados e levados consigo para a etapa seguinte da jornada. O "Kit de Sobrevivência do Lobo" é compacto, completo e destinado a servir de combustível para seus passos seguintes. Porém, como estamos lidando com a dualidade ao longo de nossa jornada, esteja atento ao fato de que este kit muitas vezes pode ter um aspecto ambíguo.

Lembre-se:

- Situações extremas exigem que nos inspiremos em animais.
- Argumentar com base em dados nem sempre funciona.
- Qual animal representa o seu perfil?
- O executivo de TI-Lobo é, ao mesmo tempo, cinzento e dualista.
- O lado claro inspira lealdade.
- Quando as iniciativas de TI exigirem criatividade e inspiração, os líderes devem tender para o lado claro.
- O lado sombrio inspira medo.
- Quando precisar simplesmente de subordinação e obediência, parta para o lado sombrio.
- A resposta do executivo de TI-Lobo jamais é isso ou aquilo, mas sim ambos.

# 2. Domine as Três Disciplinas Essenciais do Lobo Maquiavélico: o Poder, a Manipulação e a Guerra

*Em geral os homens optam pelo meio-termo, que é mais arriscado, por não saberem nem como ser totalmente bons nem como ser totalmente maus.*

Maquiavel, *Discursos sobre a Primeira Década de Tito Lívio*

## A prática leva à perfeição: desloque-se até os extremos com habilidade

Como observou Maquiavel, muitos líderes optam por uma linha de conduta intermediária, pois eles não sabem realmente como ser inteiramente bons ou maus. Embora a maior parte dos indivíduos se esforce para ser bom, nem sempre fica claro o significado disso. Consideremos o número de vezes, em um dado dia, que você pergunta a si mesmo: "Estou fazendo a coisa certa?". Para a maioria, essa pergunta surge continuamente tanto em relação a questões pessoais quanto profissionais. Questionar e ficar em dúvida são atitudes positivas em termos éticos. Os indivíduos que não têm nenhuma dúvida de fundo moral são motivo de preocupação, já que isso indica uma personalidade extrema e melhor descrita como radical.

Os executivos de TI não diferem em nada das demais pessoas na forma de lidar com o bem e o mal. Eles têm dúvidas saudáveis.

Embora, segundo minha experiência, a vasta maioria dos executivos de TI almeje ser bom, nem sempre é claro o significado disso. Quando ser bom não funciona, algumas vezes eles comprometem seus princípios e práticas e acabam ficando insatisfeitos, tanto com o meio-termo a que se chega em relação aos resultados quanto consigo mesmos. Em muitíssimos casos, eles partem então para o extremo oposto no pior momento possível, seja acidental, seja imprudentemente.

Talvez você se encontre nesta situação caso nos últimos tempos tenha pensado ou dito alguma das seguintes coisas: *Aqui era um lugar tão bom para trabalhar; Não quero ficar mais aqui, nada parece funcionar; Vou pedir demissão, isto simplesmente não vale a pena, mas todos saberão disso antes de eu ir embora, pois escreverei um e-mail para a diretoria dizendo a bagunça que isto está e como eles não têm a mínima ideia do que seja tecnologia ou de como dirigir este negócio, eles vão ver!*

Caso esteja se sentindo assim, suas táticas e ferramentas gerenciais podem não funcionar mais e talvez você tenha, inadvertidamente, se tornado autodestrutivo e imprudente. Este não é o momento de usar táticas extremas. Consideremos Joseph, um executivo de TI de uma grande indústria plástica europeia. Eu o ajudei a preparar sua apresentação para a diretoria, descrevendo em linhas gerais como estava indo a sua estratégia de TI. Concebemos uma apresentação para entusiasmar a diretoria em torno das ideias inovadoras de Joseph para ajudar a empresa a crescer.

Poucos meses depois, Joseph me disse, com um sorriso, que ele havia sido despedido e agradeceu-me. O que aconteceu? A apresentação havia transcorrido excepcionalmente bem e a diretoria havia acolhido Joseph de forma entusiástica depois da reunião. Mas o que Joseph não havia me contado era que o seu CEO não gostava quando alguém brilhava mais do que ele nas reuniões do conselho de administração ou em outros fóruns de executivos. Ele expressou seu descontentamento com Joseph e, pouco depois, o despediu. Revelou-se, entretanto, que na realidade Joseph queria ser demitido desta maneira para ajudar o conselho a perceber a verdade sobre o CEO interesseiro. Portanto, Joseph usou meu conselho para ajudá-lo a sair deste emprego com grande alarde.

Entretanto, existem alguns admiráveis elementos maquiavélicos na tática de Joseph e, certas vezes, a adoção de posições extremadas pode ser necessária e compreensível em situações de insatisfação como esta; é preferível usar deliberadamente comportamentos extremos para melhorar a situação e não como um meio para criar um "rasto de despedida" dos escombros de uma carreira. Joseph poderia ter considerado, por exemplo, confidenciar a algum membro confiável do conselho e ter seu aconselhamento ou alertar o diretor do Departamento Jurídico de que o CEO poderia representar uma ameaça para a empresa. Joseph poderia ter feito tudo isso e mais um pouco e recorrido a ser despedido apenas depois de ter esgotado todas as demais opções. Os executivos de TI devem praticar uma série de táticas extremas para conseguirem as habilidades necessárias para se tornar um vigoroso executivo de TI-Lobo e angariar a capacidade de usar estas táticas para evitar que situações negativas fujam do controle.

## Os líderes precisam dominar as disciplinas do poder, da manipulação e da guerra

Maquiavel escreveu três importantes obras sobre política que tratavam das principais disciplinas que ele acreditava serem fundamentais para se atingir a excelência em liderança. Suas três obras serviram de inspiração para os principais temas e seções deste livro: *O Príncipe*, *Discursos sobre a Primeira Década de Tito Lívio* e *A Arte da Guerra*. Cada uma dessas obras é relevante para o executivo de TI de hoje.

A primeira e mais popular de suas obras, *O Príncipe*, é, essencialmente, uma guia sobre como ser um poderoso ditador. Na época em que Maquiavel viveu, a Itália não existia como constructo político; a península era um conjunto de regiões independentes dirigidas por duques (isto é, ditadores) que periodicamente entravam em guerra, formavam alianças e então entravam em guerra novamente. Muitas das lições que se pode tirar de *O Príncipe* focam em ganhar e deter poder. Há uma tendência de os CEOs gostarem deste livro; portanto, os executivos de TI deveriam, no mínimo, estar cientes destas lições de modo a compreender melhor o que os CEOs estão fazendo com eles e, idealmente, aplicar suas táticas para aumentar o seu sucesso.

A segunda obra de Maquiavel, *Discursos*, explora a sua forma preferida de governo, a República onde o poder é dividido entre a maioria e não a minoria. Este modelo pode evitar os excessos que normalmente advêm das ditaduras. Contudo, liderar em um ambiente deste é uma tarefa complexa. Muitos líderes estão constantemente fazendo manobras para conquistar *status* e território. Eles alternam entre a competição entre si e a colaboração mútua, e entre o interesse próprio e o comum. Este ambiente se aproxima mais de um governo ou grande empresa dos dias de hoje e as habilidades associadas à liderança eficaz não exigem apenas poder, mas também inteligência e cálculo, outrora conhecidos como manipulação. Quando estiverem determinados a fazê-lo, os executivos de TI têm um potencial enorme para dominar esta particular disciplina dado seus conhecimentos prévios baseados em dados.

Em seu terceiro trabalho sobre política, os tratados de Maquiavel, que constituem *A Arte da Guerra*, exploram as qualidades de um grande general e incluem descrições detalhadas de manobras militares anteriores. O crescimento das receitas, a centralização, consolidações, corte nos custos e outros projetos empresariais comuns geralmente são atividades hostis que enfrentam resistência e exigem planejamento de longo prazo, organização e capacidade de adaptação, que lembram aquelas associadas ao planejamento de uma campanha militar. Independentemente de os executivos de TI se preocuparem com eles ou não, a maioria deles tem que administrar conflitos, certas vezes em várias frentes, e é tarde para se preparar caso o inimigo já lhe esteja alvejando.

Poder, manipulação e guerra são disciplinas extremas. Cada uma delas possui um lado luz e um lado sombra. Ao aprender, ao longo do tempo, habilidades associadas a eles, um executivo de TI pode criar uma abordagem calma e controlada até mesmo nas situações mais estressantes. Reações estressadas e extremas, como "Eu vou pedir a conta", normalmente são resultado da frustração de não saber o que fazer ou de se encontrar em uma situação nunca enfrentada anteriormente. Embora nenhum líder seja bem-sucedido em todas as situações hostis, dominar estas disciplinas irá aumentar a sua taxa de sucesso e, quem sabe, sobretudo, diminuir o seu estresse ao longo do tempo.

## Adote o comportamento de animais radicais para fortalecer o seu Lobo interior

Tornar-se um executivo de TI-Lobo não é uma estrada linear; pelo contrário, envolve deslocar-se continuamente de um extremo ao outro das três disciplinas maquiavélicas – do lado luz para o lado sombra, voltando depois para o estado anterior. O executivo de TI tem de demonstrar que pode ir a extremos, de tal modo que seus colegas, funcionários e partes envolvidas saibam do que ele é capaz. Uma vez que um executivo de TI demonstre ser capaz de adotar uma série de comportamentos extremos, os demais terão a sensação de que ele é forte e competente. Depois disso, o executivo de TI precisa aplicar comportamentos extremos com menor frequência, apenas como lembrete periódico de que ele ainda é forte e capaz ou de acordo com o necessário em uma situação específica. Conforme foi dito por um executivo de TI: "Se você tiver uma arma, terá que usá-la. Caso contrário, todo mundo irá pensar que a arma não funciona ou que você não tem coragem de usá-la". Após estabelecer a condição de funcionamento da arma e sua disposição para usá-la, mais tarde bastará você mostrá-la para conseguir o efeito desejado.

Quanto mais radicais forem os extremos do espectro, os comportamentos de executivo de TI associados ao poder, à manipulação e à guerra se parecerão menos com aqueles de um Lobo e mais com aqueles de animais mais radicais. O Ecossistema de Animais Radicais ilustra estes comportamentos que irão ajudá-lo a desenvolver o seu Lobo interior.

## Ecossistema de Animais Radicais

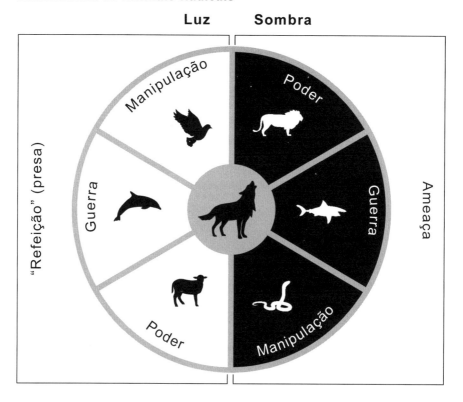

O ecossistema mostra seis animais radicais no círculo, com o Lobo no centro. Cada animal representa um conjunto de comportamentos inspirados em Maquiavel, que os executivos de TI podem desenvolver como parte integrante do seu kit de ferramentas de liderança. Metade dos animais está do lado luz da tática para liderança – o Cordeiro, o Pombo e o Golfinho. A outra metade está no lado sombra da tática para liderança – o Leão, a Serpente e o Tubarão. O Lobo se encontra no centro. Para desenvolver o seu Lobo interno, você terá que se deslocar estrategicamente até os extremos e dominar a tática melhor associada a cada um dos animais radicais. O Lobo terá com a sua força máxima quando tiver absorvido a essência de todos os outros seis animais.

Os animais também são emparelhados para representar os extremos luz e sombra de cada uma das três disciplinas. O Cordeiro e o Leão representam extremos de poder, onde o Cordeiro é fraco em poder manifesto mas possui outros pontos fortes de liderança, ao passo que o Leão tem grande poder manifesto mas é fraco em outras ferramentas de poder. O Pombo e a Serpente representam extremos de manipulação, onde é pouco provável que o Pombo manipule de forma velada e use a virtude como sua principal arma, ao passo que a Serpente é extremamente manipuladora e furtiva, mas pode ser muito adaptável para se tornar digna de confiança. O Golfinho representa a necessidade de um executivo de TI ser extremamente sociável e carismático em uma das extremidades do espectro, ao passo que na outra ponta, o Tubarão é capaz de eliminar ameaças com extrema intolerância. As partes restantes deste livro detalham com o que se assemelham os comportamentos dos executivos de TI em cada um destes extremos, quando aplicá-los e quando evitá-los.

Em cada uma das três disciplinas (Manipulação, Guerra e Poder), o Lobo representa um ponto central bem equilibrado, onde os extremos luz e sombra são moderados e os aspectos positivos e negativos de cada disciplina são combinados apropriadamente. Muitas das táticas do Lobo são uma mescla de claro e escuro e, portanto, são mais bem descritas como cinzentas.

## Princípios do Ecossistema de Animais Radicais

- Pode ser que você se identifique mais com um dos seis animais radicais do que com o Lobo. Não há problema algum

– conhecer o seu ponto de partida ou estilo de liderança predominante é uma parte importante da jornada para expansão do seu kit de ferramentas.

- Quando os executivos de TI passam muito tempo no lado luz do ecossistema comportamental, eles poderão ser interpretados como pessoas boas, porém fracas e correm o risco de se tornarem o equivalente da presa ou "refeição" caso seus colegas, ou a cultura de sua empresa, tendam para o lado sombra.

- Quando os executivos de TI passam muito tempo no lado sombra do ecossistema comportamental, eles poderão ser interpretados como pessoas más e interesseiras, e serem taxados como ameaça que deve ser eliminada, especialmente se a cultura de sua empresa tender para o lado luz.

- Sem o Lobo intermediário, o executivo de TI possui apenas comportamentos extremos. Tais líderes podem dar a impressão de ser volúveis, insensíveis e de reagir em demasia ou viciados em dramas e depois de um tempo irão desgastar a forma como serão acolhidos, mesmo na mais paciente das empresas.

- Um Lobo encarna, ao mesmo tempo, todos os seis animais radicais. E embora um Lobo transite pelos extremos da luz e da sombra, ter um composto de ambos os conjuntos de habilidades e táticas garante que nem um lado nem o outro se desequilibre ou seja percebido como desequilibrado.

## Um Lobo sem os extremos é simplesmente um cão

Os executivos de TI devem, sobretudo, perceber que sem os comportamentos extremos, um Lobo é apenas um cão. Os cães são criaturas maravilhosas originados a partir de populações selvagens

**42**   Executivo em Pele de Lobo

do lobo, mas a mestiçagem ocorrida ao longo dos séculos eliminou os traços mais extremos da espécie. Isso faz do cão um animal de estimação mais seguro do que um lobo, mas um executivo de TI jamais deve ser domesticado. O inoportuno desafio é que algumas empresas de modo figurado encarceram seus executivos de TI, limitando os seus recursos e relegando-os a fazer aquilo que lhes é dito; adivinhe por que elas não têm um matador competitivo na arena tecnológica. Em alguns casos, os executivos de TI inadvertidamente se aprisionam ao limitarem suas táticas e perspectivas. Felizmente, ambas as situações são corrigíveis.

A jornada para se chegar a ser um Lobo não é linear, saindo do lado luz para a moderação cinzenta. Em empresas sombrias, os executivos de TI que começam no lado luz em geral são vistos como fracos. Quando se tornam cinzentos, talvez possam ser vistos como líderes fracos, que estão tentando ser vistos como fortes adotando o meio-termo. Em vez disso, os executivos de TI devem ir para extremo da sombra pois então, ao retornar para o centro, eles serão vistos como líderes extremamente fortes que, na verdade, estão se restringindo ao serem moderados e, portanto, magnânimos.

Conforme observado por Maquiavel, não existe um meio-termo seguro na liderança. Adotar apenas os comportamentos de liderança meio-termo "seguro" enfraquece um executivo de TI, pois os outros se convencerão de que não há nada de extraordinário ou notável em você. Portanto, ouse para se tornar notável.

## Você vem do lado luz, portanto nós vamos para o lado sombra

Com base em minha experiência, a maioria dos executivos de TI passa grande parte do tempo no lado luz do ecossistema. Isso é admirável e apropriado desde que sua empresa tenha uma cultura branda. Muitos livros sobre liderança aconselham os executivos de TI e outros executivos sobre o uso de táticas brandas, com base na hipótese de que estão lidando com uma cultura que também é branda ou aberta para as táticas brandas.

Mas a maioria dos executivos de TI vem a mim quando suas táticas brandas não estão mais funcionando por se encontrarem em uma posição delicada, tendo assumido um novo papel de executivo de TI onde o ambiente é hostil ou tem uma nova liderança executiva e uma cultura que é sombria ou que funciona mal ou então todas as hipóteses anteriores. Consequentemente, grande parte do que se segue irá focar na razão para as táticas brandas não funcionar em culturas sombrias e como aplicar táticas sombrias extremas ou de Lobo cinzento para ser bem-sucedido nestes ambientes.

Você, um cara legal, ainda pode ganhar, mas terá de ir para o lado sombra para conseguir isso.

### Kit de Sobrevivência do Lobo

Lembre-se:

- A prática leva à perfeição: desloque-se até os extremos com habilidade.

- Os líderes precisam dominar as disciplinas do poder, da manipulação e da guerra.
- Adote comportamentos de animais radicais para fortalecer o seu Lobo interior.
- Metade dos animais se encontra no lado luz da tática para liderança – o Cordeiro, o Pombo e o Golfinho. A outra metade está no lado sombra da tática para a liderança – o Leão, a Serpente e o Tubarão. O Lobo se encontra no centro.
- Os animais também são pares binários, com o Cordeiro e o Leão representado o poder, o Pombo e a Serpente representando a manipulação e o Golfinho e o Tubarão representando a guerra.
- Um Lobo sem os extremos é apenas um cão.
- Você vem do lado luz, portanto nós vamos para o lado sombra.

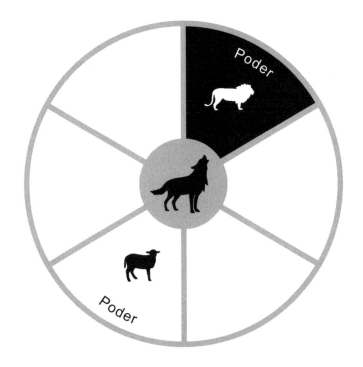

# Parte 1: Poder

*Grandes homens passam por grandes dificuldades em seus percursos, deparando-se com o perigo a cada passo, e que somente podem ser superadas através de sua coragem e habilidade.*

*Mas assim que as tiverem superado, passam então a ser venerados;*

*E tendo exterminado aqueles que invejavam suas grandes qualidades, continuarão poderosos, seguros, honrados e felizes.*

Maquiavel, O Príncipe

# 3. Reconheça o próprio Poder e o Aumente Exponencialmente

*Aquele que não estabelece de antemão as bases do seu poder talvez seja capaz de fazê-lo depois com grande habilidade e coragem;*

*Mas isto se dará com enorme dificuldade para ele próprio e com grande perigo para o edifício que deseja construir.*

Maquiavel, *O Príncipe*

## Trate o poder como um constructo eticamente neutro

De acordo com Maquiavel, é melhor planejar com antecedência para conquistar poder de modo a tê-lo armazenado caso precise dele, em vez de tentar acumulá-lo quando, eventualmente, estiver sendo atacado. Caso contrário, embora possa ser possível conquistar poder, isso será muito mais difícil. Diversos livros sobre liderança alegam examinar o conceito de um líder ou executivo forte; entretanto, poucos enfrentam diretamente a questão do poder. Poder e liderança firme são inseparáveis.

Embora muitos líderes erroneamente vejam o poder como algo inerentemente negativo, Maquiavel o tratava como uma ferramenta fundamental. Todos nós somos alertados de que o poder corrompe. Contudo, uma liderança firme requer uma relação atenta e construtiva com o poder. O poder se apresenta sob diversas formas, desde a coerção até a credibilidade e o seu emprego não pode ser reduzido a uma simples questão de total privação *versus* abuso ditatorial. Cada forma de poder apresenta ao mesmo tempo um lado luz e um lado sombra para ambos os lados.

O poder é um constructo eticamente neutro que os executivos de TI podem usar para o bem ou para o mal. O executivo de TI sem poder não pode usá-lo em benefício próprio, nem para beneficiar seus subordinados ou a empresa. Embora ninguém goste de que o poder seja usado contra si mesmo, também é verdade que ninguém gosta de trabalhar para um líder fraco ou ineficaz. Na qualidade de líderes, os executivos de TI devem compreender o poder em toda a sua complexidade e saber como e quando exercê-lo para alcançar o melhor resultado.

A palavra "poder" evoca fortes emoções e preconceitos; portanto, é importante definir poder. Basicamente, poder é a capacidade de fazer as coisas acontecerem – um atributo que todos esperam de um líder. Os meios para se alcançar o poder podem ser bons ou ruins, mas buscar que algo se concretize é uma expectativa eticamente neutra.

"Política" é outra palavra repleta de carga emocional que muitas pessoas evitam definir ou a definem como algo com o qual elas jamais se envolvem. Para nossos propósitos, política é simplesmente o processo de resolver conflitos e tomar decisões. Todos os líderes precisam ser capazes de resolver questões contenciosas. Embora desejemos ter um ambiente livre de conflitos com papeis decisórios claros e uma cultura que dê apoio e que trabalhe de forma colaborativa no sentido de se atingir metas com as quais todos estejam de acordo, poucos de nós pode se dar ao luxo de ter um local de trabalho desses.

Para dominar o poder, como acontece com qualquer habilidade complexa, um líder deve, em primeiro lugar, abraçá-lo sem ter de ficar pedindo desculpas e tentar justificar o seu uso, e reconhecer que o seu exercício é, ao mesmo tempo, uma oportunidade e uma ameaça. Os executivos de TI devem encarar a oportunidade com entusiasmo pelo bem que o poder poderá fazer, uma vez que o tenham conquistado, e encarar com o devido respeito a ameaça de dano que pode ser causado por ele.

## Use a natureza onipresente da TI para se tornar mais poderoso em vez de vulnerável

A natureza onipresente da TI torna um executivo de TI, ao mesmo tempo, poderoso e vulnerável. Conforme explicado por um executivo de TI do setor público: "Todo mundo depende da TI a cada instante de cada dia. Se um sistema sair do ar por um minuto, as pessoas saberão disso, ao passo que o trabalho de um executivo da área financeira ou de RH, por mais que ele se esforce, provavelmente não ficará evidente num primeiro momento, quem sabe por um bom tempo e, talvez, nunca será percebido".

O aspecto da vulnerabilidade desta dinâmica sujeita os executivos de TI a um nível de escrutínio e crítica que seus pares jamais experimentarão. Consideremos a ideia extravagante de uma empresa inteira ficar revendo o trabalho diário do diretor financeiro ou do presidente da empresa e, regularmente, fazendo críticas. Isso poderia ser benéfico, mas esses executivos, em sua grande maioria, escapam de tal escrutínio. Entretanto, executivos de TI e departamentos de TI não têm direito de se desvencilhar de suas relações próximas com os usuários, nem de eliminar totalmente os riscos associados a este tipo de exposição.

Como a natureza onipresente da TI torna poderoso um executivo de TI? Um líder de TI do setor financeiro observa: "Quando sou bem-sucedido todo mundo pode ver e isso aumenta minha credibilidade". Já um executivo de TI do setor industrial disse: "Ninguém pode realizar um projeto de tamanho significativo sem mim. Quase todos os projetos importantes envolvem algum tipo de TI. Posso dar a eles recursos ou não. Portanto, é de interesse deles cooperar comigo. Caso contrário, é improvável que eu vá fornecer recursos a eles já que esses são tão escassos".

A TI é capaz de gerar crescimento, reduzir custos e diminuir riscos nos empreendimentos, os fatores mais prezados por qualquer executivo. Cada vez que um executivo de TI proporciona esses benefícios para a empresa, é uma oportunidade de se aumentar o poder.

Mas poder não se limita a desempenho. Também diz respeito a convicção e percepção. Infelizmente, muitos executivos de TI focam na vulnerabilidade em detrimento do empoderamento. Talvez isso aconteça pelo fato de os executivos da área de TI encararem o uso do poder de forma diferente de seus colegas de outras áreas. Isso, em parte, tem origem na percepção da área de TI como um prestador de serviços, o que coloca a organização em um modo reativo e impotente. Alterar a dinâmica poder-vulnerabilidade em favor do poder exige mudança desta autopercepção, bem como de modelos de comportamento e conjuntos de habilidades, através da adoção de medidas extremas.

## Ecossistema de Animais Radicais: Animais de Poder Binários

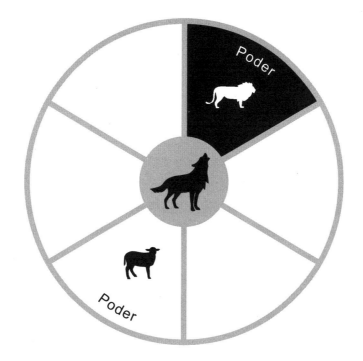

Os Lobos são criaturas poderosas. Conforme discutido anteriormente, desenvolver poder similar como líder envolve ir aos extremos de luz e sombra. O Cordeiro no lado luz do poder e o Leão no lado sombra são os animais que melhor simbolizam os extremos do poder. Você está mais para Cordeiro ou Leão?

## Executivos de TI-Cordeiros fazem um grande esforço para agradar e serem apreciados

Executivos de TI com uma abordagem ao poder no estilo Cordeiro geralmente são movidos pelo desejo de agradar e serem apreciados. Eles gostam de ter um ambiente de trabalho positivo e, geralmente, preferem não se destacar, seja de modo positivo ou negativo. Muitos poderão vê-lo como tendo uma afável falta de ego, pois apresentam tendência de não se preocupar com poder ou *status*. Eles apresentam algumas das seguintes características:

- Os outros trabalham com eles porque gostam deles ou querem protegê-los.
- Relutam em dizer "não" já que querem agradar os outros.
- Usam incentivos positivos para motivar seus funcionários, mas resistem em (ou são incapazes de) disciplinar.
- Vistos como bons líderes nas épocas boas e seguidores muito bons, mas não como guerreiros.

Executivos de TI com essas características tendem a ascender ao poder em culturas colegiadas ou quando um líder com estilo extremamente negativo precisa ser substituído. A tendência dos demais a protegerem líderes-Cordeiro pode refrear a tendência mais agressiva de outros líderes. Existem também implicações negativas. Esses executivos de TI no extremo evitam conflitos e, geralmente, deixarão de desenvolver habilidades para o conflito. Se a liderança ou o ambiente competitivo se tornar hostil, dificilmente eles serão vistos como o guerreiro a levar a empresa para o próximo estágio. Portanto, será permitido a eles saírem ou então serão relegados a um cargo diferente em que poderão dirigir uma parte menos competitiva da área de TI ou da empresa.

Todos os executivos de TI têm de ser capazes de vestir esta pele de cordeiro quando necessário e adotarem comportamentos e características de Cordeiro. Até mesmo o mais forte dos executivos de TI tem adversários mais fortes. Por exemplo, em geral o CEO manda em todo mundo da empresa de modo que apenas raramente um executivo de TI pode ter esperança de passar por cima de um deles. Em tais situações, pode ser conveniente se comportar como um Cordeiro até que outra tática se torne mais efetiva, um ponto que discutiremos com maior profundidade nos capítulos subsequentes.

## Os executivos de TI-Leão se esforçam para serem fortes e capazes de executar

Executivos de TI com perfil de Leão acumulam de forma ativa poder coercivo e hierárquico. Eles estão cientes do poder que advém de seus cargos e exercitam ativamente esse poder como se fosse um rival visando crescer e ganhar território. Quando necessário, eles irão usar poder coercivo ou *status* para conseguir a cooperação daqueles que não concordam em participar. Eles são muito sensíveis à relação entre percepção e realidade e "rugem" bastante para comunicar o que conseguiram. Outros querem trabalhar com eles, pois são realizadores. Eles também apresentam as seguintes características:

- As pessoas o admiram e querem estar associadas a ele ou ganhar sua proteção.
- Ganham poder explorando de maneira adequada, clara e aberta o seu superior, ganhando poder hierárquico, autoridade e *status*.
- A confiança e o carisma são elevados, porém, talvez deixem de ouvir ou captar informações quando necessário.

- Vistos como bons na execução, mas não como bons seguidores, estrategistas ou que sirvam de inspiração.

Os executivos de TI com este estilo geralmente ascendem ao poder em culturas que são mais agressivas ou internamente competitivas já que são capazes de lidar bem com o confronto contra outros "predadores". Normalmente, conseguem subir rapidamente nas organizações já que apresentam traços classicamente associados à liderança e a "exploração de maneira adequada, clara e aberta dos seus superiores". Esses executivos de TI, entretanto, normalmente não são vistos como líderes que servem de inspiração, mas sim como aquele que faz cumprir decisões impopulares relativas à tecnologia através de mandatos e autoridade. No outro extremo, alguns podem não ter motivação alguma a não ser a coerção para segui-los. Portanto, se o poder formal mudar, o que pode acontecer caso entre em cena um CEO com perfil mais colaborador, normalmente esses executivos de TI ficam sem nenhuma outra ferramenta para que o trabalho seja cumprido e, portanto, podem deixar a organização rapidamente.

## Um Lobo não é um Cordeiro nem um Leão, mas ambos

No centro temos o executivo de TI-Lobo, inspirador, mas forte, que sabe quando ser um Leão e quando ser um Cordeiro e mescla luz e sombra, transformando-as em estratégias adequadas para ajudá-lo a ser bem-sucedido. Os executivos de TI se veem diante de situações específicas quando seu poder pode ser aumentado ou consumido. Tais situações vão desde gerir solicitações de projetos de particular predileção da parte interessada até administrar questões de controle e lidar com "vácuos" de poder. Para compreender como implementar os extremos luz e sombra e criar um meio-termo mais equilibrado, os outros capítulos desta parte irão descrever como cada executivo de TI empregou táticas animalescas em suas funções. Comecemos com uma das questões mais críticas e reveladoras de poder – lidar com um número de demanda maior do que realmente se pode atender. Você é um Cordeiro, um Leão ou se encontra bem encaminhado para chegar ao *status* de executivo de TI-Lobo?

### Kit de Sobrevivência do Lobo

Lembre-se:

- Trate o poder como um constructo eticamente neutro.
- A liderança firme requer relação atenta e construtiva com o poder.
- Use a natureza onipresente da TI para se tornar mais poderoso em vez de vulnerável.
- Executivos de TI-Cordeiro fazem um grande esforço para agradar e serem apreciados.

- Executivos de TI com estas características tendem a ascender ao poder em culturas colegiadas ou quando um líder com estilo extremamente negativo precisa ser substituído.
- Executivos de TI-Leão se esforçam para serem fortes e capazes de executar.
- Executivos de TI com este estilo geralmente ascendem ao poder em culturas que são mais agressivas ou internamente competitivas já que são capazes de lidar bem com o confronto contra outros "predadores".
- Até mesmo o mais forte dos Executivos de TI tem adversários mais fortes.
- Um Lobo não é um Cordeiro nem um Leão, mas ambos.

# 4. Priorize com Força e Elegância

*Conquista-se o ódio tanto pelas boas quanto pelas más obras.*

Maquiavel, *O Príncipe*

## Se você tiver a capacidade de dizer "não", diga "não"

Doug, executivo de TI de uma grande agência reguladora do governo, entrou na organização há mais de um ano e descobriu uma lista com mais de 400 projetos. Algumas solicitações de projetos foram feitas quase três anos antes de sua chegada. Doug não tinha a mínima ideia de quantas dessas solicitações ainda eram válidas ou apresentavam sua verdadeira importância.

A escala de prioridade foi deixada a cargo da equipe de TI, que escolhia os projetos com os quais queria trabalhar, aqueles que acreditava ser factíveis ou aqueles pertencentes às partes interessadas que gritassem mais alto. A liderança da agência passou a depreciar a área de TI, taxando sua equipe de irresponsável, obtusa e pouco realizadora. Em uma tentativa de mudar a situação, Doug pediu para que fosse constituído um grupo de governança para ajudar no processo de determinação das prioridades, e as principais partes envolvidas se recusaram a fazê-lo. Nesta cultura sombria, as partes interessadas preferiram evitar a responsabilização em vez de criar um forte senso de trabalho em equipe.

O que você faria ou fez nesta situação comum de exigências cada vez maiores? Praticamente todos os Executivos de TI de hoje se veem diante da realidade de ter uma carga de solicitações maior do que aquela que o departamento de TI conseguiria atender com os recursos que tem à sua disposição. Maquiavel alertou que o ódio emana dos bons trabalhos e das boas intenções bem como do mal. Se um líder coopera ou não com uma longa lista de pedidos ou encontra outras maneiras de lidar com estes é um fator significativo na determinação do seu nível de poder real e percebido dentro da empresa.

Muitos executivos de TI adotam a postura de poder do Cordeiro no processo de determinação das prioridades. Eles esperam agradar os outros e evitar conflitos dizendo "sim" para o maior número de projetos e acabam com muito mais projetos do que conseguiriam atender. Quando colegas de outras áreas se negam a participar desse processo de determinação das prioridades, os Executivos de TI brandos chegam ao ponto de dar desculpas generosas para eles como: "Eles estão tão ocupados em dirigir a empresa e não têm tempo para priorizar; portanto, faremos o melhor que pudermos". Normalmente eles se surpreendem quando seus colegas deixam de apreciar seus esforços bem-intencionados. Em situações extremas, a cooperação deles é recebida com desdém. Embora os colegas possam apreciar os esforços de um executivo de TI por um certo período, com o passar do tempo eles passarão para o lado sombra e irão ver a inabilidade do executivo de TI em dizer "não", não como um sinal de boa vontade ou como uma atitude positiva, mas sim como um sinal de fraqueza. Uma parte interessada mais forte acredita que, se o executivo de TI tivesse o poder de dizer não, então obviamente ele diria.

## Evite dar poder a pessoas que não o utilizarão de forma inteligente

Paul é executivo de TI de uma companhia aérea. Em uma situação similar, ele convocaria um grupo de governança, diria a eles quanto dinheiro e recursos estão disponíveis para a área de TI, pediria a eles para reduzir o número de projetos e o departamento de TI assumiria compromisso com projetos por eles escolhidos. Infelizmente para Paul, eles não escolhem nada que se assemelhe a infraestrutura ou substituição de sistemas legados. Ninguém se baseia ou otimiza um sistema previamente existente.

Praticamente tudo o que eles escolhem é um "brinquedo novo e reluzente" com o qual a equipe de TI não está familiarizada e que irá adicionar complexidade à arquitetura de sistemas como um todo. Um "brinquedo reluzente", no jargão executivo, é algo novo, legal, com cores chamativas e é, preferivelmente, melhor e "mais reluzente" que aquele que os demais executivos possuem. Geralmente existe uma relação inversa entre valor para a empresa e o brilho relativo do "brinquedo novo".

Infelizmente, Paul deu o seu poder para o grupo de governança deixando-os tomar todas as decisões. Ele adotou a abordagem de risco mais conhecida como "negação plausível". Paul acredita que já que todas as decisões foram tomadas pelos outros, eles não irão culpá-lo quando os custos subirem demasiadamente, os prazos de entrega não forem cumpridos e os sistemas legados falharem. Ele está enganado. Em uma cultura sombria, quando o inevitável acontece, eles irão recorrer à autopreservação e culpá-lo dizendo algo como: "Ele deveria ter experiência suficiente para não deixar que tomássemos todas as decisões. A situação seria outra caso fôssemos experts em TI. Ele deveria nos ter dito que outros projetos eram mais importantes. Aposto que é realmente apenas um problema de TI".

## Use pulso firme para orientar as decisões sobre prioridades

Por outro lado, Robert, um executivo de TI-Leão de um grupo internacional de equipes esportivas, envolve de fato as várias equipes no processo de tomada de decisão; entretanto, ele se reúne com cada um dos líderes de equipe antes de convocar qualquer reunião de governança. Conforme o próprio Robert descreve: "Não convoco nenhuma reunião de governança antes de saber exatamente como cada um dará o seu voto". Ele conduz o processo de tomada de decisão nas reuniões separadas com cada líder de equipe, induzindo-os no sentido de alguns projetos que seriam bons investimentos e afastando-se de outros que não seriam adequados para a arquitetura existente ou em que o valor potencial é baixo. À medida que o tempo vai passando, ele troca projetos mais antigos por outros novos se o valor do projeto assim garantir.

Esta estratégia é consistente e efetiva, já que Robert se sente à vontade com a visibilidade advinda da "chegada do Leão". Fica bastante claro para os líderes das equipes que Robert está no comando da situação e, portanto, eles podem responsabilizá-lo pelos resultados de uma forma bastante direta. Na busca de saciar o apetite por valores maiores, a mudança constante na lista de projetos também garante um fluxo contínuo de possíveis conflitos, que Robert deverá monitorar e administrar. Quando as coisas vão mal, o que sempre acontece, já que se trata de TI, todas as atenções se voltarão para a vistosa juba de Robert. Desde que Robert cumpra o prometido e preserve o seu poder, ele estará bem posicionado para ser bem-sucedido.

## O Lobo combina força e elegância para beneficiar a empresa

Começamos o presente capítulo com Doug, executivo de TI de uma agência reguladora do governo que tentava envolver as partes interessadas no processo de estabelecimento de prioridades da inflada e desatualizada lista de 400 projetos. Felizmente para a sua organização, Doug é um executivo de TI-Lobo. Quando as partes interessadas se negaram a participar, Doug trouxe para si a questão. Ele reduziu drasticamente a lista de 400 projetos para 50 por ele escolhidos. Ele tomou cuidado especial para eliminar os projetos prediletos de partes com elevada prioridade para depois apresentar uma lista de projetos para a organização como um fato consumado.

Alguns fizeram objeções a esse tipo de tomada de decisão ditatorial estilo Leão. "Bem", diz Doug, "pedi a participação deles e eles passaram a bola para mim. Quem sabe eles devessem ter pensado nisso antes". Outros reagiram com furor à eliminação de seus estimados projetos. Doug fingiu pura inocência, observando que "Se eles tivessem se unido a mim e participado, certamente eu saberia dizer quais projetos eram importantes e quais não. Quem sabe se eles quiserem participar agora eu consiga ajustar a lista de prioridades". Ao adotar um comportamento de Cordeiro diante deles e ajustar a lista para agradá-los, Doug passou a conhecer quais eram as prioridades e mostrou aos interessados os benefícios de se engajar em um construtivo processo de determinação das prioridades.

Ao combinar táticas brandas e contundentes, ele lidou com o problema que se apresentava e fez que a organização melhorasse no longo prazo. O processo foi agradável? Não. Arriscado? Sim. Eficaz? Certamente. Ao adotar uma postura de Lobo ponderado, ele garantiu um resultado ótimo para a empresa e ensinou a seus colegas a levarem-no a sério quando solicitasse a participação deles, bem como os benefícios desta participação.

## Trate os projetos prediletos como uma fonte de poder e não como um pesadelo

Os projetos prediletos são um particular pomo da discórdia para muitos executivos de TI. Eles podem ser mais bem definidos como projetos que são extremamente importantes para um indivíduo ou um grupo de indivíduos interessados, mas que geram reduzido ou duvidoso valor para a empresa. Os Cordeiros extremados tendem a querer fazer todos os projetos prediletos visando agradar todo mundo. Outros Cordeiros preferem eliminar os projetos prediletos para poupar os escassos recursos da empresa, mas jamais tomariam alguma medida, arriscando-se a contrariar seus colegas. Portanto, eles trabalham nestes projetos, mas eles e as equipes de TI geralmente o fazem de forma relutante e, no final das contas, de forma um tanto ressentida. Um executivo de TI-Leão tem poder para eliminar todos os projetos prediletos e talvez assim o faça em prol da empresa. De modo alternativo, um Leão também poderia optar por fazer todos os projetos prediletos da hierarquia já que eles são sensíveis a explorar de maneira adequada, clara e aberta o seu superior.

O método extremo de "eliminar todos os projetos prediletos" é útil como mensagem única para a empresa sobre a proliferação deste tipo de projeto e sobre a necessidade de eliminar o desperdício. Ele não é útil como prática persistente, pois o executivo de TI perde uma importante oportunidade de ganhar poder. Os projetos prediletos fazem parte da moeda de troca para ganhar poder e devem ser tratados como uma "área cinzenta" e não como um espaço binário. Quando um executivo de TI executa um projeto desses para um colega, ele ganhou poder de barganha e poderá, mais tarde, exigir que este mesmo colega retribua (o que dá ao executivo de TI ainda mais poder). Portanto, dizer não a todos os projetos prediletos, em geral, é uma perda de oportunidade. Entretanto, sempre dizer sim é um escoadouro de poder e não um acúmulo dele – ele denigre o valor político dos projetos prediletos. Os executivos de TI-Lobo são seletivos ao usarem projetos prediletos para acumular moeda de troca sem desvalorizar a troca.

## Kit de Sobrevivência do Lobo

Muitos executivos de TI abrirão mão do poder de determinação das prioridades, pois preferem não ser vistos como aqueles que tomam todas as decisões. Eles perceberam que as partes interessadas não gostam quando o departamento de TI detém muito poder. Executivos de TI com este tipo de pensamento devem perguntar a si mesmos se seus colegas executivos iriam reagir de maneira similar e ceder seu poder na mesma situação. Além disso, como a equipe de TI irá se sentir se ela não tem poder de decisão em situações críticas? Sua capacidade de ser bem-sucedida a colocará em risco? Maquiavel sugeriria o seguinte: se você tiver de escolher entre seus colegas deterem o poder ou você deter o poder, esta última opção deveria ser a sua escolha.

Lembre-se:

- Se você tiver a capacidade de dizer não, diga não.
- Evite dar poder a pessoas que não o utilizarão de forma inteligente.
- Use pulso firme para orientar as decisões sobre prioridades.
- O Lobo combina força e elegância para beneficiar a empresa.
- Trate os projetos prediletos como uma fonte de poder e não como um pesadelo.

# 5. Irradie Poder Rosnando, e não Rugindo Sua Reputação

*Muitas vezes observamos que a humildade não apenas é inútil, como também, prejudicial;*

*Especialmente quando aplicada a homens insolentes, que, por inveja ou algum outro motivo, desenvolveram grande aversão por você.*

Maquiavel, *Discursos sobre a Primeira Década de Tito Lívio*

## Decida qual reputação quer ter e não deixe isso ao sabor da maré

Que palavras o CEO usaria para descrever você e o departamento de TI? O CEO termos como "inovador", "ágil" ou "competitivo"? Ou ele diria confiável, consistente e eficaz em termos de custos? Ou usaria as palavras não confiável, ineficaz no atendimento e infeliz? E como o executivo de TI deveria tratar isso? Algo valioso que o executivo de TI tem é a sua reputação bem como a do departamento de TI. A forma de administrar suas respectivas reputações pode impactar significativamente seu nível de poder e capacidade de execução.

Maquiavel sugere que somos facilmente influenciados pelas aparências e, muitas vezes, preferimos a percepção em vez da desafiadora tarefa de determinar o que é e o que não é real. O seu comentário é uma antecipação do aforismo "percepção é realidade". Pode ser trabalhoso determinar o que é realidade em qualquer situação. E no ambiente de trabalho, no ritmo alucinado em que vivemos hoje em dia, raramente investimos no aprofundamento diante de uma situação difícil ou além das mensagens que nos chegam de maneira passiva.

Executivos de TI com abordagem de poder tipo Cordeiro são humildes e, geralmente, não gostam de ficar se vangloriando de suas realizações. A humildade deles é admirável e como muitos executivos de TI me confidenciaram ao longo dos anos, muitas vezes é resultado de sua personalidade, cultura ou valores familiares. Em empresas com culturas mais brandas, estes executivos de TI tendem a se dar bem, pois suas organizações respeitam esta qualidade em um líder. Infelizmente, esta pode ser uma abordagem não otimizada em uma cultura empresarial sombria. Poder, conforme vimos anteriormente, é a capacidade de fazer as coisas acontecerem. Executivos de TI humildes, em geral, não tomam nenhuma medida proativa (no máximo, medidas tímidas) para garantir que a empresa saiba que eles estão fazendo as coisas acontecerem. Como tal, a reputação deles está nas mãos de terceiros e, essencialmente, deixada ao sabor da sorte.

Esses executivos de TI têm a expectativa de que, ao fazer um bom trabalho, todos os demais perceberão. Embora seja razoável que os outros devessem notar, se Maquiavel estiver correto (o que de fato ocorre), é que tal situação é pouco provável de acontecer na prática. O que muitas vezes sucede nessas situações é que poucos irão ouvir falar a respeito dos muitos sucessos da área de TI, mas muitos irão ouvir falar dos poucos insucessos da área de TI. A exceção acaba virando regra e a reputação sofrerá danos, pois a única vez que os colegas de outras áreas ouvirão falar a respeito de TI será aquela quando as coisas derem errado.

## Não é sua tarefa como executivo de TI ser objetivo; a sua tarefa é contar a história

Consideremos Sheila, executiva de TI de uma empresa de médio porte. Semanalmente, ela gera relatórios de acompanhamento de TI para distribuição a todos os gerentes do médio escalão bem como para os altos executivos da empresa. Primeiramente, Sheila indica todas as más notícias como tempos de inatividade de servidores, questões de segurança de sistemas, problemas com fornecedores e a estatística referente à resolução de problemas por parte do *help desk*. Depois, é relatado o que está indo bem – geralmente uma lista muito menor, já que Sheila sofre de uma dose saudável de humildade. Ela não deixa claro sobre as razões para a área de TI ter má reputação ao ser tão transparente e proativa em sua comunicação.

Sheila explica que a sua abordagem se baseia no senso comum de que "É meu dever como executiva de TI ser objetiva". Infelizmente, ela está errada. É tarefa do executivo de TI contar a história e defender e gerir a boa reputação de seu departamento. Se não é dever do executivo de TI, então de quem seria? Muitas vezes, o executivo de TI acredita que se eles apresentarem os dados objetivos corretos, então as partes interessadas serão capazes de descobrir a verdade. Contudo, a realidade é que seus colegas

## 68 Executivo em Pele de Lobo

raramente irão analisar profundamente o material que você passou a eles. Todo mundo na empresa está ocupado com o trabalho em tempo integral de cuidar de si mesmo e de defender os respectivos departamentos. Não é que eles não estejam nem aí com você, mas simplesmente que estão ocupados e são pragmáticos. E, algumas vezes, eles realmente não estão ligando para o que você lhes informou.

## A percepção tem de coincidir com a realidade, mas não perfeitamente

Executivos de TI com tendência de Leão geralmente partem para o outro extremo e evitam a todo custo divulgar as más notícias. Em geral, esses líderes são perfeccionistas, algo bastante comum entre os profissionais de TI. O perfeccionismo é um excelente traço nos líderes de TI, já que funções com uma componente técnica geralmente exigem orientação ao detalhe. Isso pode, entretanto, ser problemático no que diz respeito à comunicação. Alguns executivos de TI perfeccionistas temem que pequenas falhas darão a impressão de que o departamento de TI inteiro será, de alguma forma, afetado negativamente. Em muitos casos, esses executivos de TI também irão evitar transmitir as boas novas, pois "os dados não são 100% precisos, apenas 90% e não quero me enganar".

Consideremos David, executivo de TI de uma indústria que evita a todo custo receber avaliações ruins nas auditorias. Ele agressivamente chega a extremos para garantir que os auditores jamais ouçam sobre algo que esteja aquém da perfeição. Quando há uma auditoria, ele dá folga para seus funcionários já que o pessoal de TI apresenta uma tendência brutal para a honestidade. O mantra de David é: "Nada para ser visto aqui, está tudo bem e não há nada a ser relatado". Infelizmente, pelo fato deste tipo de executivo de TI querer que os outros tenham a percepção de fortaleza a seu respeito, eles tendem a "rugir" sobre os sucessos, mas relutam em demonstrar fraqueza, de modo que poucos se apresentam voluntariamente para ajudá-los. David raramente recebe ajuda dos colegas ou recursos financeiros significativos adicionais.

Como sempre tudo está ótimo não há necessidade de ele receber qualquer tipo de ajuda. Esse ciclo essencialmente aperta o cerco ao redor de David ao longo do tempo já que recebe menos recursos, aumenta as expectativas e a ilusão da perfeição se torna cada vez mais difícil de ser mantida.

## Os executivos de TI-Lobo protegem sua reputação rosnando e não se tornando alvos fáceis

Um executivo de TI-Lobo constrói sua reputação e poder comunicando de forma proativa suas realizações e pedindo ajuda para lidar com problemas reais. Ele também protege agressivamente sua boa reputação conseguida com árduo esforço, figurativamente dilacerando e espalhando as partes do corpo daqueles que o atacam. Ele caça de forma implacável aqueles que dizem coisas ruins a respeito da área de TI e trabalha para corrigir o registro. Susan, uma executiva de TI-Loba de um varejista europeu, descreveu uma situação em que uma das partes interessadas culpava a área de TI pela sua inabilidade de gerar oportunamente relatórios para os altos executivos. Por trás de portas fechadas e longe dos ouvidos da área de TI, esta pessoa alegava que todas as vezes que ia rodar os relatórios necessários, o sistema tinha caído e, consequentemente, era culpa da TI o seu grupo não atingir um bom desempenho.

Quando Susan descobriu o que estava sucedendo, ela começou a ofensiva. Ela rodou uma série de relatórios próprios documentando as vezes em que o sistema em questão tinha ficado fora do ar nos últimos 12 meses. Os dados mostravam que no total o sistema tinha ficado fora do ar dois minutos no ano passado inteiro. Susan, mostrando os dados para a diretoria, observou: "Fica bem claro que este meu colega está inventando". Ela não teve de rugir nem se exaltar ou fazer drama. O rosnado ameaçador dos dados revelava que a área de TI havia cumprido o seu dever.

A tática de Susan combinou o lado luz do Cordeiro que se esforça ao máximo para realizar um bom trabalho com o lado sombra do Leão que captura seus inimigos para criar uma abordagem de Lobo, mais bem descrita como "realizar e proteger". A manobra ofensiva controlada desta executiva de TI deixou claro para todos os envolvidos que a área de TI não seria um alvo fácil para se jogar a culpa. Como consequência, este colega em questão rapidamente aprendeu a ir atrás de alvos mais fáceis e deixou a executiva de TI e seu departamento em paz. Embora com esta tática se corra o risco de produzir o efeito colateral de transformar um colega em inimigo, Maquiavel observaria que qualquer colega que se comportasse de tal maneira não seria, em primeiro lugar, um amigo que se estaria perdendo.

## Kit de Sobrevivência do Lobo

Em geral, os executivos de TI apresentam tendência de serem mais introvertidos do que os colegas do restante da empresa e, como consequência disso, muitas vezes, expressam preocupação sobre a gestão de sua reputação. É importante notar que a gestão de uma reputação ilibada não se trata de ficar rugindo a todo o momento, fazer barulho ou ser extrovertido. Diz respeito a comunicar de forma clara e proativa a reputação que deseja ter para depois defendê-la quando necessário. Embora o silêncio total em relação à reputação de alguém não seja uma opção, também não damos ouvidos ao outro extremo de ficar rugindo todo o tempo. Um rosnado periódico mais baixo pode ser muito mais eficaz para chamar a atenção de outros predadores e fazer com que eles se sintam como presas.

Lembre-se:

- Decida qual reputação quer ter e não deixe isso ao sabor da maré.
- Não é sua tarefa como executivo de TI ser objetivo; a sua tarefa é contar a história.

- A percepção tem efetivamente que coincidir com a realidade, mas não perfeitamente.
- Os executivos de TI-Lobo protegem sua reputação rosnando e não se tornando alvos fáceis.

# 6. Certifique-se de que Ninguém Esteja Sempre no Comando, Exceto Você

*Um príncipe que não conhece nenhuma outra forma de controle a não ser a sua própria vontade, é como um louco; e um povo que faz o que bem entende, dificilmente será sensato.*

Maquiavel, *Discursos sobre a Primeira Década de Tito Lívio*

## Ninguém deve ter sempre tudo o que deseja

Sean trabalhava no setor privado na função de diretor de *head* de um banco. Agora, a universidade em que estudara o contratou para ser o novo executivo de TI. Para grande surpresa de Sean, a universidade é muito ineficiente no emprego da TI. Cada departamento parece ter seus próprios servidores e sistema de e-mail e alguns deles têm pessoal de TI exclusivo. Cada um deles também possui sistemas de matrícula e financeiro próprios. O departamento central de TI tem falta de mão de obra para a complexidade do ambiente e também tem recursos financeiros subdimensionados.

Essa situação é comum para executivos de TI do mundo inteiro. A descentralização e o controle local muitas vezes parecem ser uma boa ideia para as unidades de negócios, mas em geral a área de TI é sobrecarregada com as implicações da relutância da empresa em limitar suas escolhas. Maquiavel alerta sobre os riscos de permitir que alguém assuma controle completo sobre o ambiente e as escolhas, comparando tais indivíduos a um "maluco". Muitas empresas insistem que seus executivos de TI sejam prestadores de serviço, *cuja tarefa é fazer tudo o que eles desejam*. Sendo mais claro, a maior parte dessas empresas irá, na verdade, dizer: "Queremos que o departamento de TI faça tudo que a empresa precisa". Mas como indica Maquiavel, quando um indivíduo ou grupo tem total controle, isso pode rapidamente se degenerar levando a uma situação de insanidade na relação entre líder e liderado que atende a desejos e não a necessidades.

Ninguém gosta de ser controlado, limitado ou que lhe digam o que fazer. É a natureza humana, e Maquiavel foi um sagaz estudioso da natureza humana e da história. E de acordo com o que ele observou, pessoas sem limites tendem a se comportar muito mal. Isso é particularmente verdade quando se trata de tecnologia. A TI representa, de forma bastante literal, objetos reluzentes que os altos executivos algumas vezes vão em busca como se fosse na compra de um brinquedo novo. Deixe uma criança solta em uma loja de brinquedos e o pandemônio é certo. Espere gritos, choro e chiliques se ela não conseguir o que quer e na hora em que quer. Deixe um grupo de executivos solto em uma loja virtual de TI e espere o mesmo resultado. Os chiliques são os mesmos, porém os brinquedos são muito mais caros. Os executivos de TI devem exercer poder sobre o possível pandemônio para o bem de toda a empresa.

## Pedir colaboração ou permissão demais é igual a ceder o seu poder

Sean, nosso executivo de TI-Cordeiro, optou por não tentar controlar o caos. Ele era novo na função de executivo de TI e estava um tanto impressionado por fazer parte do *staff* da universidade a qual ele tinha em alta conta. Portanto, ele optou por confiar na sabedoria deles mais uma vez e se esforçou ao máximo para oferecer a complexidade que queriam. "Antigamente, parecia-me que eles sempre sabiam sobre o que estavam falando, portanto, o mesmo deve acontecer agora, certo?" Errado. Infelizmente, com recursos limitados, Sean logo se viu debatendo para se manter. Quando tentou sugerir certo controle e padrões, as demais partes envolvidas garantiram a ele que eles conheciam melhor e que ele simplesmente não entendia "O Jeito da Universidade" e como as coisas funcionavam. Com o passar do tempo, essas partes passaram a ver o seu insucesso no cumprimento das metas como um indicador de que eles haviam escolhido o executivo de TI errado e não a forma errônea no tratamento da TI pela universidade. Depois de apenas um ano, Sean saiu da universidade e retornou ao setor privado. Foi uma infeliz e desnecessária perda, tanto para a universidade quanto para Sean.

De forma parecida, outros executivos de TI, como Charles, de uma prestadora de serviços profissionais multinacional, padronizam apenas aquilo que eles conseguem convencer as partes interessadas a permitir que ele controle. Ele trabalhou com interessados-chave no sentido de convencê-los sobre o estudo de viabilidade positivo em torno da padronização de um conjunto de sistemas altamente centralizados, particularmente segundo as perspectivas de custos e de segurança. Dada a cultura e habilidade das partes interessadas, eles não se convencem facilmente e chegar a um acordo inicial poderia levar meses. Solidificar uma aproximação levaria muitos mais meses. Nesse ínterim, a empresa estava gastando demais com TI e a deixando em uma posição vulnerável em relação a questões de segurança e atendimento a normas.

Embora conseguir apoio geralmente seja uma abordagem prudente em uma cultura branda, Charles deveria ter perguntado a si mesmo por que ele queria este apoio. Há apenas duas razões para um executivo de TI ou qualquer outra pessoa solicitar a colaboração das partes interessadas – ou pelo fato de a parte interessada ter informações que irão melhorar a qualidade das decisões ou então pelo fato de o executivo de TI ter de obter permissão para fazer alguma mudança que ele não tem poder de fazer por conta própria. Nenhuma destas era o caso para Charles. Charles queria a colaboração deles basicamente por acreditar que proceder de maneira democrática era a forma mais razoável de abordar o problema.

Infelizmente, por definição a democracia dispersa muito o poder entre o povo, afastando-o do líder. Ao envolver tanto as partes interessadas e pedir permissão a elas para cada ação, Charles, na verdade, cedeu todo o seu poder para as massas incontroláveis. Os executivos de TI têm de saber distinguir coleta de informações e pedir permissão. Reunir um volume razoável de informações quando se faz necessário é uma atitude inteligente. Permitir que terceiros tomem decisões democraticamente quando isso não é necessário pode criar um enorme escoadouro de controle e poder.

## Leões se sentem à vontade com o controle, porém, certas vezes à vontade demais

Os executivos de TI-Leão dão pouca chance para as partes interessadas darem opinião e, em geral, irão exercer controle através do poder conferido a eles pela posição que ocupam. Maria, executiva de TI de uma empresa sul-americana de jogos que realiza operações de apostas *on-line*, era uma executiva de TI deste tipo. Quando Maria chegou na empresa, vários executivos estavam interferindo na TI, sem nenhuma coordenação central. Maria argumentou para o CEO e para o diretor jurídico da empresa que ela não poderia garantir que a empresa estaria atendendo à miríade de normas a que estava sujeita sem ela ter um controle maior e mais direto sobre a área de TI. Tanto o CEO quanto o diretor jurídico concordaram, com a condição de que se ela realizasse um bom trabalho, ela deteria o controle sobre as decisões.

Maria foi bem-sucedida tanto na aquisição de poder e controle quanto no seu desempenho como executiva de TI por vários anos. Infelizmente, com o passar do tempo, Maria perdeu a perspectiva, o controle sobre si mesma e da situação. Ela se tornou arrogante e raramente solicitava a colaboração das partes envolvidas. Quando estas partes forneciam informações independentemente da sua vontade, raramente ela dava ouvidos; ela acabou se tornando confiante demais em sua capacidade de tomar as decisões corretas. Depois disso, a área de TI apresentou uma falha importante que afetava os sistemas de apostas *on-line,* que resultou em perda de receita. O CEO quase imediatamente despediu Maria. Ao utilizar exclusivamente uma tática de poder sombria e de controle extremo, Maria havia se tornado a líder insana sobre a qual Maquiavel havia falado e foi eliminada quando surgiu a oportunidade.

## Lobos calculam o risco de deliberadamente não fazerem aquilo que lhes é mandado

Consideremos Russell, um executivo de TI-Lobo que foi contratado por uma universidade altamente descentralizada do sul dos Estados Unidos, sem nenhuma metodologia padronizada. Ele pediu permissão de todos os diretores para padronizar a infraestrutura de TI e de e-mail para economizar dinheiro e aumentar a segurança do sistema. Preferindo manter o controle, como era de se esperar, eles coletivamente disseram "não". Qual foi a reação do executivo de TI à recusa? De acordo com Russell, "Eu padronizei assim mesmo e eles nem perceberam". Essencialmente, cada vez que um sistema exigisse novos recursos significativos ou então uma manutenção ou atualização substancial, Russell, na surdina, passava os sistemas para um modo mais padronizado e não consultava ninguém de fora da área de TI. Sua equipe mostrava-se entusiasmada com a possibilidade de abandonar os sistemas mais antigos e impossíveis de serem administrados, e, portanto, seus membros tinham um bom motivo para manter em segredo esse tipo de comportamento.

Essa abordagem não é para aquele executivo de TI que não gosta de correr riscos. Entretanto Russell, o Lobo, não foi imprudente. Sua abordagem era *dê a eles o que precisam, mesmo que eles não queiram*. Ele optou por um risco calculado de eventualmente irritar as partes interessadas, que deram a ele pouca orientação devido à falta de familiaridade deles com a TI *versus* o risco de que eles de qualquer forma o acusariam quando os complexos sistemas viessem a falhar. Ele sempre forneceu os recursos necessários desejados pelos usuários, apenas não necessariamente da maneira não otimizada que eles solicitaram. Caso percebessem o que ele havia feito, ele estava convencido de que poderia ter argumentos ainda mais fortes para o seu procedimento com base nos ótimos resultados por ele obtido. Russel usurpou poder das massas sem o conhecimento delas, conquistando-o para si sem objeção alguma. Mas ele fez isso de maneira controlada e calculada, e maximizou o benefício para a área de TI bem como para a empresa e, ao mesmo tempo, minimizando o risco para ambos.

### Kit de Sobrevivência do Lobo

Lembre-se:

- Ninguém deve ter sempre tudo o que deseja.
- Pedir colaboração ou permissão demais é igual a ceder o seu poder.
- Leões se sentem à vontade com o controle, porém, certas vezes à vontade demais.
- Lobos calculam o risco de deliberadamente não fazer aquilo que lhes é mandado.

# 7. Vá atrás de Dinheiro, mas Não Permita que Ele o Engane

*O dinheiro por si só, longe de ser um meio de defesa, apenas tornará um príncipe mais sujeito a ser saqueado.*

*Portanto, não pode haver opinião mais errônea de que o dinheiro é o sustentáculo de uma guerra.*

Maquiavel, *Discursos sobre a Primeira Década de Tito Lívio*

## Ter dinheiro torna um executivo de TI poderoso e, ao mesmo tempo, vulnerável

Dinheiro é poder. Não há como evitar a realidade de que o grau de controle que um executivo de TI tem sobre o orçamento em geral determina a maior ou menor dificuldade que ele terá para cumprir suas metas. A capacidade de movimentar dinheiro e de investi-lo estrategicamente é fundamental para a capacidade do executivo de TI promover mudanças. Mas como observa Maquiavel, nem sempre o dinheiro é garantia de força e segurança. Ter o controle de grandes somas pode tornar um executivo de TI poderoso e ajuda a garantir uma melhor tomada de decisão em relação à TI. Ele também transforma os executivos de TI e seus respectivos departamentos em alvo de ataque, já que outros cobiçam estes recursos para outros fins. Quando os recursos se tornam escassos devido a um escoamento de receitas ou qualquer outra mudança nas condições do mercado, a concorrência por dinheiro dentro da empresa pode rapidamente transformar uma cultura branda em sombria.

Peter é um executivo de TI com perfil de Cordeiro no que dizia respeito ao poder. Sua empresa é uma multinacional no setor de aço e outros produtos metalúrgicos. Peter decidiu cobrar das unidades de negócios pela infraestrutura corporativa de TI bem como suas aplicações (sistema de *chargeback*[1]). Ao mesmo tempo, ele também permitiu que outras unidades de negócios independentes tivessem equipes e implementações de TI próprias, desde que elas seguissem as políticas corporativas de TI e as diretrizes de arquitetura de sistemas. Trata-se de uma metodologia comumente usada pelos executivos de TI de todo o mundo, que fornece uma abordagem aparentemente equilibrada com controle federativo sobre o orçamento total para TI. Peter empregou essa abordagem, pois acreditava que sua natureza transparente e inclusiva provocaria poucos conflitos em relação a como o dinheiro seria gasto. Infelizmente, essa abordagem pode, inadvertidamente, provocar uma guerra entre os departamentos de TI corporativos e aqueles das unidades de negócios independentes quando os recursos se tornarem escassos.

---

[1] Estratégia contábil que atribui os custos de serviços de TI, *hardware* ou *software* à unidade de negócios em que eles foram usados. Disponível em: https://en.wikipedia.org/wiki/IT_chargeback_and_showback. (N.T.)

Quando a receita da empresa decaiu devido à instabilidade econômica em vários de seus mercados, todas as unidades de negócio começaram a buscar oportunidades para poupar dinheiro. O substancial orçamento para TI passou a ser um alvo. Devido à implementação da política de *chargeback*, os agora hostis departamentos de TI das unidades de negócios declararam que o departamento de TI corporativo era um prestador de serviços para eles e que agora eles eram os clientes. Os grupos de TI das unidades de negócios começaram a se autodenominar "clientes" do departamento de TI corporativo. As equipes das unidades de negócios começaram a discutir com Peter sobre quanto era cobrado deles segundo este sistema de *chargeback* e sobre o que eles recebiam em troca pelo dinheiro gasto por eles. Peter gastou muitas horas de seu precioso tempo documentando e justificando os custos de *chargeback*. Ele tentou convencer seus colegas de que deveriam mudar o tema da conversa para como usar a TI para ajudar no crescimento da empresa, mas como já se encontravam em um estado de perturbação, eles viam isso como uma tática visionária. As discussões sobre *chargeback* se tornaram um fator de grande desavença.

## Você pode estar pagando, mas isso não significa que detém o poder

Na situação de Peter, um dos elementos maquiavélicos que ele deixou de levar em conta foi que, nesta situação, ele na verdade tinha a oportunidade de adotar a abordagem de poder do Leão em vez daquela do Cordeiro. Considere que a dinâmica comportamental originada da crença das unidades de negócios que, pelo

## 84 Executivo em Pele de Lobo

fato de estarem pagando um *chargeback*, eles tinham todo o poder e poderiam forçar Peter a apresentar centenas de páginas de relatório e usar várias horas dele para justificar as cobranças. Peter, até certo ponto, havia aceitado essa premissa e se resignado como alguém com nível de poder de Cordeiro faria. Mas e se a premissa deles sobre a dinâmica de poder estivesse errada?

No caso de Peter, o sistema financeiro da universidade exigia que as unidades de negócio pagassem o *chargeback* independentemente de eles acharem que a qualidade do "serviço" estivesse ou não de acordo com seus padrões. A cobrança era feita automaticamente e a política ditava que as unidades de negócios não tivessem permissão para usar um fornecedor de serviços externo caso não estivessem contentes com a infraestrutura e as aplicações corporativas.

Esta é a situação em muitas empresas hoje em dia. Muitos centros de serviços compartilhados foram criados com uma versão deste modelo financeiro e os participantes são restringidos de sair desse sistema para garantir economia de escala e preservação de recursos. Nem sempre isso poupa dinheiro, mas é por isso que eles são concebidos de tal forma.

Quando as unidades de negócios não têm escolha a não ser pagar uma taxa de *chargeback*, elas não são, de fato, *clientes* do departamento de TI corporativo; pelo contrário, elas são seus *reféns*. Quando uma unidade de negócio não tem o poder de optar por algo que não seja a relação de *chargeback*, ela não tem prevalência. Sean deixou de perceber que ele realmente tinha o poder nas mãos. De forma compreensível, Peter queria contentar seus colegas. Infelizmente, em uma situação em que existe o desafio do orçamento, contentar os outros é uma meta exagerada. Uma meta mais realista seria envolver os colegas de maneira apropriada, mas apenas até o ponto em que eles seriam capazes de *tolerar o sistema financeiro*. Executivos de TI neste tipo de situação deveriam optar pela interrupção ou, então, pela minimização do tempo gasto para ficar justificando as taxas de *chargeback* e voltar o foco do valioso tempo de todo mundo no sentido de ajudar a empresa a crescer. Infelizmente, tais conflitos continuam enquanto o sistema de *chargeback* estiver em vigor e a dinâmica de poder for mal compreendida.

## Lobos mantêm os colegas desconfortáveis em vez de deixá-los à vontade

Diana é uma executiva de TI-Loba. Ela começou a trabalhar para uma companhia petrolífera do sudeste asiático com um orçamento para TI pequeno e descentralizado. Na longa história da empresa, nunca uma mulher havia feito parte da diretoria. Para sua grande surpresa, as recomendações iniciais de Diana relativas à centralização e aumento no orçamento para TI foram aceitas por unanimidade pela diretoria. Eles rapidamente aprovaram todas suas solicitações de ampliação de pessoal, aumento do orçamento e maior controle sobre ele. Inicialmente, Diana acreditou que esta era a diretoria mais genial que havia encontrado em toda a sua vida ou que então ela fosse muito mais persuasiva do que pensava. Nenhuma dessas premissas era correta.

Logo, Diana percebeu o que realmente estava acontecendo. A diretoria até então formada apenas por homens relutava em parecer machista com sua primeira executiva. Nenhum dos diretores queria ser o primeiro a dizer não a ela e, portanto, eles, de forma rápida e sem fazer qualquer contestação, concordaram com tudo o que ela havia pedido. Diana tinha uma escolha a fazer. Ela poderia partir para o lado luz e insistir para que ela fosse tratada como qualquer outro. Ao contrário, Diana adotou uma abordagem de Loba cinzenta e agarrou a oportunidade que ela sabia que jamais teria novamente. Ela optou por deixá-los sentindo-se desconfortáveis e acumular o máximo possível de dinheiro e recursos que pudesse, antes que a diretoria se sentisse mais à vontade com ela. Diana observou: "Dobrei o orçamento e pessoal e, ao mesmo tempo, centralizei tudo. Levou seis meses até que alguém dissesse um "não" para mim, mas aí o trabalho pesado já estava feito e estávamos bem encaminhados em nossa marcha para uma TI mais saudável para a companhia". Ela teve uma longa e bem-sucedida carreira dentro da empresa.

No caso de Diana, o fato de ser mulher deixou sem ação o resto da diretoria. Em outras situações, isso poderia devido ao executivo de TI estar há pouco tempo no comando da equipe, a sua idade, etnia, estilo de cabelo ou *hobbies*. Um sem número de fatores pode ser a causa. Um executivo de TI-Lobo reconhece que esta tática cinzenta "perturbar o *status quo*", criando um desconforto que pode ser útil e vantajoso. Portanto, é melhor aplacar o sofrimento do grupo após ter conseguido alguma vantagem. Ser diferente de um grupo pode torná-lo mais poderoso, ao passo que a harmonização os deixa mais à vontade e você com menos poder.

## Kit de Sobrevivência do Lobo

Com dinheiro e poder, as coisas quase nunca são como parecem ser. Se suas crenças a respeito da dinâmica do poder estiverem erradas, como você poderia mudar o seu comportamento? Considere a situação em que um colega financia com seu orçamento uma iniciativa relacionada com TI e a partir de então querer tomar todas as decisões relativas a ela, pois é o dinheiro "dele". Muitos executivos de TI aceitam essa premissa. Mas e se não for o dinheiro deles? Certamente, este dinheiro não veio do bolso do seu colega. Quando ele sai do orçamento da empresa, trata-se de dinheiro da empresa e do "nosso" dinheiro. Todos na empresa têm uma responsabilidade fiduciária em relação ao dinheiro da empresa. Se uma empresa mudasse as suas premissas de poder, isso mudaria a forma como você trata o dinheiro e as pessoas?

Lembre-se:

- Ter dinheiro torna um executivo de TI poderoso e, ao mesmo tempo, vulnerável.
- Você pode estar pagando, mas isso não significa que você detém o poder.

- Mas e se a sua premissa sobre a dinâmica de poder estiver errada?
- Quando as unidades de negócio não têm escolha a não ser pagar uma taxa de *chargeback*, elas não são, de fato, *clientes* do departamento de TI corporativo; pelo contrário, elas são seus *reféns*.
- Lobos mantêm os colegas desconfortáveis em vez de deixá-los à vontade.

# 8. Reconheça Lobos mais Fortes e Saiba Quando Ser um Cordeiro

*Príncipes que são atacados não podem cometer maior erro do que recusar um acordo, especialmente quando seus agressores forem muito mais poderosos.*

Maquiavel, *Discursos sobre a Primeira Década de Tito Lívio*

## Às vezes o seu objetivo é ser bem-sucedido na escolha entre ruim e pior

Mesmo um executivo de TI-Lobo nem sempre é o líder da alcateia ou o líder da alcateia mais poderoso do território. O poder não existe isoladamente, e Maquiavel era pragmático quanto a isso. Um dos princípios básicos por trás de seu trabalho era a necessidade de entender os seus oponentes ou possíveis oponentes e qual a sua posição em relação a eles. Na realidade, muitas vezes os oponentes de um executivo de TI têm um poder significativamente maior em relação ao primeiro, simplesmente devido à sua posição hierárquica e, em outros casos, por ter acumulado maior poder ao longo do tempo. Nessas situações, Maquiavel aconselha que recusar as solicitações de uma força mais poderosa pode ser um grave erro. Em tais situações, um executivo de TI deve considerar fazer se passar por um Cordeiro enquanto prepara contramedidas de Lobo para limitar o possível estrago.

Consideremos Jack, executivo de TI de uma empresa de telecomunicações da América do Sul. Ele não tem medo de usar o seu poder e se autoafirmar quando acha que é para o bem da empresa e apropriado agir assim. O diretor financeiro, Ron, que queria um iPad, abordou Jack. Na época o iPad era o mais recente objeto de desejo dos executivos, mas existiam problemas significativos quanto à segurança deste sistema para uso de dados corporativos e sua transferência para o sistema da empresa. Com base nessa questão de segurança e na falta de casos práticos, Jack recusou o pedido do diretor financeiro.

Infelizmente para Jack, o diretor financeiro também não tinha medo de usar o seu poder e o exerceu de uma maneira extremamente sombria que o surpreendeu. Jack percebeu que nenhum dos pedidos referentes à sua área estava sendo assinado ou processado por Ron. Ele supôs que se tratava simplesmente de um caso fortuito, até que a situação se prolongou por quase um mês e a falta de pagamento começou a se tornar um problema. Consequentemente, Jack abordou Ron e perguntou a ele o que estava acontecendo. A resposta de Ron? "Bem, Jack, você sabe, estou realmente atarefadíssimo. Quem sabe se tivesse um iPad eu pudesse ser mais produtivo e encontrar tempo para aprovar os pedidos do seu departamento". No dia seguinte, Ron tinha um iPad nas mãos e os pedidos de Jack começaram a ser atendidos, voltando à normalidade.

Jack tinha calculado o risco de suas escolhas e optou por adotar uma abordagem de Lobo de *retirada estratégica*. Nessa situação, não havia a possibilidade de todos saírem ganhando, apenas escolher entre ruim e pior ainda. Em vez de ceder, ele poderia ter ido além entregando a cabeça do diretor financeiro ao CEO, mas ele decidiu que não valeria a pena em face da pequena despesa com o aparelho, arriscando prejudicar ainda mais sua relação com o diretor financeiro. Jack sobreviveu à batalha e, embora sua posição tenha se enfraquecido, ele não estava totalmente comprometido criando um inimigo poderoso. Embora ceder tenha sido uma opção ruim, todas as demais opções eram piores ainda.

## Uma vitória parcial é melhor do que nenhuma vitória

Um dos maiores pesadelos de um executivo de TI é quando um prestador de serviço externo estabelece uma relação com um alto executivo ou com um membro do conselho de administração e tem influência externa excessiva sobre as decisões relativas à área de TI. Existem diretrizes e regulamentações em diferentes países destinadas a impedir que isso aconteça, mas é praticamente impossível regulamentar totalmente este tipo de situação. Milena, executiva de TI de uma empresa de consultoria europeia de médio porte, que atuava no setor educacional privado, experimentou esse tipo de situação. Quando Milena entrou na organização, ela estava crescendo a uma velocidade incrível e suas necessidades acabaram ficando maiores do que a capacidade de atendimento do prestador de serviços de TI, que vinha sendo usado desde o nascimento da empresa. O pequeno fornecedor simplesmente não tinha condições de ampliar rapidamente na velocidade que a consultoria queria e faltava a ele uma série de capacidades de TI.

Milena desenvolveu um estudo de viabilidade para partir para um fornecedor muito maior e pediu ao CEO para aprová-lo. O CEO se recusou. Ele adotou uma postura de ficar encontrando razões aparentemente insignificantes para impedir a mudança ou então ficava pedindo repetidamente para Milena reunir mais dados sobre pequenas questões do estudo de viabilidade. Depois de vários meses nessa situação, Milena ficou desconcertada. Um funcionário acabou lhe confidenciando o que realmente estava acontecendo. O dono daquele fornecedor era genro do CEO e a empresa era o seu único cliente.

Uma regra de poder inviolável é que *a consanguinidade fala mais alto, a menos que não gostemos de um dado parente.* Neste caso, o CEO amava sua filha e embora ciente de que era chegado o momento de trocar de fornecedor, ele estava preso a uma situação difícil. Discretamente Milena mudou seu estudo de viabilidade para uma abordagem de múltiplos fornecedores em que o fornecedor existente continuaria com parte do negócio, mas um fornecedor maior também seria contratado. O CEO aprovou imediatamente. Embora essa solução salomônica não correspondesse à expectativa de muita gente como sendo a coisa empiricamente certa a fazer, a habilidade de Milena em subjugar sua *persona* de Lobo e deixar vir à tona a sua empatia de Cordeiro pela situação do CEO, possibilitou a ele encontrar uma solução de curto prazo administrável. Ela agradou o CEO e deu tempo ao genro (que vinha atendendo a empresa) de buscar outros clientes.

## Certas vezes, você realmente é o bode expiatório

Infelizmente, nem todas as situações envolvendo prestadores de serviço externos acabam tão bem quanto no exemplo anterior. Donna, executiva de TI de uma grande indústria americana, se viu diante de uma situação em que vários membros do conselho de administração a pressionavam para terceirizar grande parte do pessoal e dos recursos de TI para um grande fornecedor. O conselho sustentava que a terceirização sairia mais barato do que ter um pessoal próprio da empresa. Donna fez inúmeros estudos de viabilidade com vários cenários. Em cada caso, o estudo demonstrava que o seu departamento de TI era tão eficiente que a terceirização seria até mais cara ou apenas um pouco mais barata do que o modelo atual. Os cálculos da empresa terceirizada mostravam economias significativas.

Donna recomendou a contratação de um consultor independente para avaliar a situação. O conselho recusou. Nesse momento, ela começou a suspeitar de que algo mais estava acontecendo, mas jamais foi capaz de determinar o que era. Ela considerou temerário pedir demissão. Mas, por outro lado, temia que a terceirização prosseguisse de qualquer modo e que a equipe com a qual tanto se preocupava estava à mercê do conselho e do fornecedor externo. Portanto, ela decidiu continuar e negociar os termos da terceirização, com a garantia de que seu pessoal teria um cargo na empresa terceirizada ou dentro da própria empresa ou então uma indenização razoável para minimizar a perda do emprego. Ela garantiu que os termos do contrato fossem os mais favoráveis possíveis para a empresa. Depois disso, pediu demissão. Não é fácil adotar a via extrema de ser o bode expiatório, mas há excelentes motivos para se admirar executivos de TI que adotam este tipo de postura.

## Algumas vezes, o Cordeiro triunfa

Muitos executivos de TI se veem diante de fusões, aquisições e alienações em que as empresas em que atuam estão, de algum modo, acordadas com uma outra. Muitas vezes, essa situação resulta na existência de vários executivos de TI e a melhor estratégia para ser o último a permanecer nem sempre é aquilo que se imagina. A estratégia mais comum se parece com aquela do Leão ou do Lobo, em que os executivos de TI se aproximam da liderança atual e a convence de que ele é o candidato mais forte. Os executivos de TI focam nos seus sucessos, tentam mostrar outros sucessos visíveis durante o período de transição enquanto as empresas estão se integrando e tentam sair por cima. Essas estratégias podem funcionar, e algumas vezes o Cordeiro sai ganhando.

Há duas estratégias dominantes de poder com perfil de Cordeiro em casos assim. A primeira é mais bem descrita como *Misture-se com o rebanho e tenha esperança de não ser notado*. Esta é uma das raras vezes em que não se destacar e imitar um prestador de serviço pode funcionar a seu favor. Outros executivos poderiam evitar demiti-lo, pensando: "Este cargo de TI parece ter pouco poder e *status*, portanto, não estou certo de que quero lidar com ele. A pessoa que ocupa o cargo de executivo de TI parece não ser uma ameaça e, na verdade, parece ser agradável. Com todas as outras decisões que precisamos tomar em relação a pessoal, provavelmente não vale a pena ficar esquentando a cabeça com esta no momento. Portanto, vou deixar isso como está".

Interessante notar que, ao não entrar em concorrência, um Cordeiro normalmente acaba caindo na segunda tática, ou seja, *Se fazer de difícil*. Nessa situação, um executivo de TI vai colocar um executivo de TI "tampão" no lugar de quem ele não está certo a respeito ou que então parece não ser nem uma ameaça nem um problema potencial. O executivo de TI "tampão" assume a função e diz: "Não me importo em estar ocupando uma posição temporária, desde que fique claro que não quero ocupar este cargo de forma permanente". Em geral, os CEOs acham esta postura ao mesmo tempo desconcertante e intrigante. "Ele não quer o cargo? Interessante. Ele deve ter algo melhor em vista. O que eles sabem a respeito dele que eu não sei ainda? Preciso descobrir. Não, não posso esperar para descobrir. Vou insistir que ele aceite o cargo definitivo!".

Surpreendentemente, vi uma série de executivos de TI temporários adotar a postura de se fazer de difícil com total sinceridade, realmente não querendo o cargo. Eles se sentiram chocados por se verem agressivamente perseguidos por seus CEOs e praticamente forçados a assumir a posição em definitivo. Há um poder imenso em ficar de lado e não precisar ou querer algo desesperadamente. Esses executivos de TI transmitem, inadvertidamente, a sensação de uma força silenciosa, o que chama bastante a atenção de certas diretorias. Ao não buscar poder ou *status* por si só, eles transmitem a sensação de serem abnegados e neutros nos conflitos. Empresas com uma cultura sombria, que cresceram fartas de conflitos, em geral são as mais abertas e receptivas a esse tipo de líder. Eles procuram colocá-los no cargo para conseguirem uma trégua no antagonismo e como parte da transformação para o lado luz. Quando isso acontece, tanto a empresa quanto o executivo de TI triunfam.

## **Kit de Sobrevivência do Lobo**

Até mesmo o mais poderoso dos executivos de TI nem sempre vence e, quem sabe, eles realmente não devam. Na realidade, a lição mais dura do poder é lidar com situações em que simplesmente não se pode vencer. Os líderes mais fortes algumas vezes têm a maior dificuldade em lidar com a derrota. Grandes executivos de TI-Lobo continuam a se concentrar na parte boa da empresa e em seus colegas, na tentativa de minimizar o efeito colateral, muitas vezes à custa de grandes sacrifícios pessoais ou profissionais.

Lembre-se:

- Às vezes o seu objetivo é ser bem-sucedido na escolha entre ruim e pior.
- Uma vitória parcial é melhor do que nenhuma vitória.
- Certas vezes, você realmente é o bode expiatório.
- Não é fácil adotar a via extrema de ser o bode expiatório, mas há excelentes motivos para se admirar executivos de TI que adotam este tipo de postura.
- Algumas vezes, o Cordeiro triunfa ao agir como se não quisesse vencer.

- Empresas com uma cultura sombria, que cresceram fartas de conflitos, em geral são as mais abertas e receptivas a este tipo de líder.

Para se alcançar o verdadeiro *status* de executivo de TI-Lobo, não basta apenas poder. Força bruta não é suficiente para superar oponentes que são extremamente ardilosos ou que estão querendo lançar mão de meios furtivos, desonestos ou outras estratégias manipuladoras contra você. Quando um oponente é manipulador, o líder dependente de poder muitas vezes fica incerto de onde golpear até que possa ser tarde demais.

Passar a sensação de manipulador é problemático para os executivos de TI e os líderes em geral; entretanto, ser de fato manipulador é uma necessidade. Os executivos de TI que são vistos como manipuladores simplesmente não estão fazendo da maneira correta. Os manipuladores mais talentosos são vistos como úteis, empáticos e, em muitos casos, como líderes carismáticos. Na Parte 2, nos concentraremos na segunda disciplina maquiavélica, a manipulação, e como os executivos de TI poderão dominar a arte de usá-la em suas organizações.

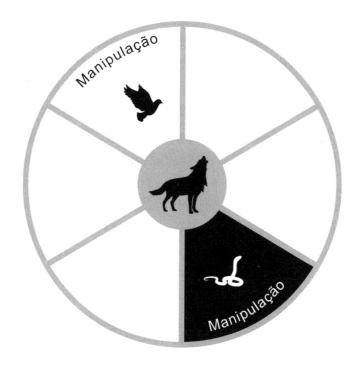

# Parte 2: Manipulação

*Servos leais sempre serão servos e homens honestos sempre serão pobres.*

*Nenhum deles alguma vez escapará da servitude (exceto os audaciosos e desleais) nem da pobreza (exceto os rapaces e fraudulentos).*

*Acontece então que os homens se nutrem uns dos outros e aqueles que não conseguem se defender, certamente se sentirão intimidados.*

Maquiavel, *A História de Florença*

Parte 2: Manipulação

# 9. Manipule ou Corra o Risco de Ser Manipulado

*Um soberano prudente não deve manter sua palavra quando isto for contra seus próprios interesses e quando as razões que o vinculavam deixarem de existir.*

*Se todos os homens fossem bons, este não seria um bom preceito; mas como eles são maus e não irão cumprir a palavra que lhe foi dada, então você não é obrigado a manter a sua em relação a eles.*

Maquiavel, *Discursos sobre a Primeira Década de Tito Lívio*

## A honestidade nem sempre é a melhor política em todas as situações

Nossa relação com a verdade e sentimentos sobre a manipulação tem suas raízes em nossas crenças sobre a natureza humana. Se acreditarmos que o ser humano é fundamentalmente bom, então a honestidade é a melhor política. Se acreditarmos que o ser humano não é assim, então poderíamos ter uma sensação diferente sobre a honestidade. Maquiavel foi aprisionado indevidamente pelo duque que ele lealmente serviu. Ele foi torturado durante sua prisão de três anos. Isso afetou sua visão do mundo. Ele tinha confiança no duque e o duque faltou com a palavra. Portanto, Maquiavel aprendeu que supor que fundamentalmente as outras pessoas são boas pode deixá-lo indefeso em relação a elas quando estas não forem boas.

Como executivo de TI, você já se sentiu alguma vez preso injustamente e torturado? Você já se sentiu traído por um colega ou descobriu que foi deliberadamente enganado? Alguma vez você já se sentiu apunhalado pelas costas e surpreso de que o colega que fez isso era alguém que você imaginava ser seu amigo? Se qualquer uma dessas informações for verdadeira no seu caso, então talvez seja preciso tornar-se mais manipulador. No mínimo, os executivos de TI têm de aprender a reconhecer a manipulação quando esta estiver ocorrendo e tomar as contramedidas apropriadas. Preferivelmente, um executivo de TI deve tomar medidas preventivas para que a manipulação não aconteça contra ele *e* dominar a arte de usá-la contra os outros.

## A manipulação é o lado sombrio da influência

Até onde você iria para convencer alguém a fazer algo que acredita ser o melhor para a empresa? O que você diria para proteger do mal sua equipe ou um indivíduo com o qual você se preocupa? Você mentiria, lisonjearia, manteria um segredo ou desviaria a atenção de alguém da verdade, caso fosse para o bem? A sociedade nos envia mensagens contraditórias em relação à honestidade. Considere como você responderia à pergunta: "Acha que esta roupa me deixa gorda?". Você diz a verdade ou mente? A sociedade nos envia mensagens contraditórias. "Sim, querida, está muito apertada e você está ficando um pouco avantajada nas ancas. Vamos almoçar. Você pode comer uma salada." Esta pode ser a verdade bem-intencionada, mas a sociedade e nossos companheiros irão nos punir por dizê-la e nosso ato será visto como uma falta de consideração pelos outros e pelo sentimento alheio.

A manipulação nos leva para as profundezas do lado sombrio do comportamento humano. Na sua essência, "manipulação" é definido como manipular algo com destreza. Interessante notar que, em inglês, o substantivo *management* (gerenciamento, administração, gestão) possui a mesma raiz e definição básica de *manipulation*. Temos uma tendência a nos sentirmos bastante à vontade na manipulação de objetos como uma bola ou uma ferramenta com destreza. Nós nos sentiremos muito menos à vontade, como deve ser, ao lidar com a questão de manipular pessoas com destreza. Quando manipulamos habilmente outras pessoas usando técnicas brandas, isso normalmente é conhecido como influência. Quando aplicamos técnicas sombrias, nos encontramos no território da manipulação.

## Executivos de TI devem superar situações propícias a serem manipulados

Quando os executivos de TI seguem conselhos e as melhores práticas de gestão, normalmente eles ficam mais vulneráveis a serem manipulados pelos outros, em vez de menos vulneráveis. O treinamento tradicional nas áreas de ciências da computação, engenharia e administração aconselha os executivos de TI a serem

**104** Executivo em Pele de Lobo

transparentes, lógicos, consistentes e movidos por objetivos. Infelizmente, esses comportamentos podem tornar os executivos de TI previsíveis para possíveis manipuladores. Muitas vezes, os manipuladores podem facilmente revogar as ordens de um executivo de TI, pois eles sabem exatamente quais atitudes esperar dele em dada situação e exatamente qual processo ele seguirá. Essa previsibilidade pode colocar os executivos de TI em grande desvantagem diante de um adversário manipulador.

Maquiavel acreditava que a honestidade e a transparência são aceitáveis quando alguém estiver tratando com um amigo. Mas ele alertava que, quando as coisas se tornam difíceis ou quando os interesses prevalecem sobre o bem geral, então os amigos podem mudar de lado e se transformar em inimigos, e você passa a uma condição de vulnerabilidade. Ele aconselha que uma vez que alguém tenha deixado de ser leal a você, sendo hostil ou falso, então não é apenas apropriado que você deixe de ser honesto com esta pessoa, mas de modo impetuoso fazer o contrário. Os líderes de TI, na melhor das intenções, geralmente adotam uma abordagem única e democraticamente tratam todos os colegas da mesma forma, em geral, como se fossem amigos. Maquiavel aconselha que, quando você trata os amigos da mesma forma que os inimigos ou inimigos potenciais, você se coloca em grande perigo bem como a sua empresa.

Há três situações principais em que a manipulação é mais indicada do que a influência e a honestidade e mais efetiva do que o poder: quando os seus colegas são falsos, irracionais ou mais poderosos que você. Colegas falsos já deixaram de ser leal a você no passado e, portanto, provavelmente continuarão a agir desta maneira no futuro. Partes interessadas irracionais não dão importância a dados ou à razão tradicional. E as partes mais poderosas do que você serão imunes ao seu nível de poder e exigem táticas alternativas. Quantos de seus colegas apresentam uma ou mais destas características?

## Ecossistema de Animais Radicais: Manipulares Binários

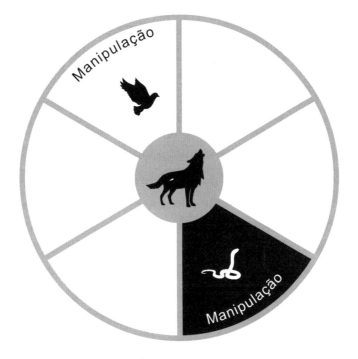

Os Lobos são criaturas inteligentes e manipuladoras. É sabido que as alcateias uivam em diversos tons para iludir outros animais, fazendo-os pensar que há um número muito maior de lobos na alcateia do que realmente há. Eles evitam lutar contra grandes predadores, mas se um deles invadir seu território, eles sairão atrás do invasor afugentando-o e parando no último momento na esperança de blefá-los, fazendo com que o adversário abandone o território. Os executivos de TI devem dominar a incursão em extremos manipuladores para reforçar o Lobo, que está no centro do círculo. O Pombo e a Serpente exemplificam melhor os comportamentos manipuladores binários e extremos que são mais úteis aos executivos de TI.

## Pombo: os extremos oferecem equidade e estrutura

Executivos de TI com perfil de Pombo são orientados por um forte senso de valor e crença. Eles possuem uma série de princípios em torno do certo e do errado, que orientam todas as suas ações. Eles acreditam que é importante conquistar o coração e a mente dos outros de modo a poder contar com a cooperação deles em qualquer iniciativa. Em geral, eles são abnegados ao extremo e motivados para criar um ambiente de trabalho que demonstre e institucionalize a equidade a todos da comunidade. Eles apresentam as seguintes características:

- Conseguem claramente articular seus valores e princípios de certo e errado.
- Os outros o seguem por acharem-no inspirador e concordarem com seus valores.
- Não dão importância a status e hierarquia; preferem sistemas justos e igualitários.
- Podem parecer fora da realidade, sem comprometimento ou sem contato com os outros.

Executivos de TI com qualidades de Pombo em geral são muito seletivos e analisam profundamente a liderança e a missão de uma empresa antes de concordar em lá trabalhar. Pombos têm maiores chances de ganhar poder quando a empresa estiver saindo de um período de extrema discórdia em que a ética da corporação poderá ser questionada. Uma empresa sombria evitaria contratar um executivo de TI com este perfil já que, na verdade, eles fazem os outros se sentirem mal em relação a si mesmos. Talvez os executivos sombrios possam se preocupar com um executivo de TI com um forte senso de justiça: "Eles pegarão meus recursos para TI e darão a terceiros, além de simplesmente não compreenderem como as coisas funcionam por aqui. Não, não podemos ter este tipo de profissional, pois acabei de descobrir como manejar nosso sistema atual e para mim ele está funcionando bem".

## Serpente: os extremos oferecem adaptabilidade e subterfúgio

Executivos de TI com perfil de Serpente são impulsionados pelo pragmatismo e são altamente adaptáveis para atingir o bem geral. Eles possuem um forte senso de metas e objetivos, porém farão contrapartidas éticas e calculadas para atingi-los. Eles estudam cuidadosamente as situações para determinar se os métodos para atingir seus objetivos exigem adaptação ou se a própria meta em si precisa ser mudada. São excelentes observadores e buscam padrões de comportamento nos outros de modo a prever seus movimentos e encontrar o momento oportuno para atacar. São altamente reticentes e ávidos por usar o subterfúgio, revelando informações ou seus verdadeiros motivos para fazer algo apenas se estiver conseguindo se mover na direção desejada. Eles apresentam as seguintes características:

## 108 Executivo em Pele de Lobo

- Tomam decisões com base em uma dada situação e não em cima de um rígido conjunto de regras.
- Os outros o seguem porque eles conseguem realizar as coisas embora não fique claro para os observadores exatamente como conseguiram fazê-lo.
- Usam a empatia, a observação e a paciência para preparar a estratégia da melhor forma de abordar os outros para que cooperem.
- Podem parecer não confiáveis para os outros já que suas crenças podem parecer maleáveis.
- Estes executivos de TI se destacam em organizações sombrias que são imaturas, altamente complexas ou não funcionais e onde há falta de processos e procedimentos claros. São capazes de manobrar eficazmente em situações em que há falta de estrutura e ainda assim conseguem realizar as coisas.

Executivos de TI-Serpente não se dão tão bem em empresas brandas em que sua extrema adaptabilidade pode fazer com que suas ações pareçam contraditórias ou enigmáticas e, portanto, fazem com que elas pareçam não confiáveis para os outros. Embora os funcionários possam gostar de trabalhar com estes executivos de TI devido ao seu elevado grau de empatia, eles podem achar difícil acompanhar sua trajetória ou reproduzir os sucessos por ele alcançados já que, geralmente, suas ações serão complexas, pouco claras ou não sistemáticas. Como consequência disso, em geral os executivos de TI-Serpente não são mentores ideais.

## O Lobo se esforça para usar a manipulação de modo altruísta e não em benefício próprio

Executivos de TI com perfil de Lobo são capazes de ir para os dois extremos do espectro, mesclando táticas de Pombo e Serpente ao mesmo tempo, para realizar o trabalho. Eles demonstram um alto senso de valores, mas não são tão inflexíveis na sua adoção a ponto de não conseguir que o trabalho seja realizado. Eles se esforçam ao máximo para serem honestos e verdadeiros, mas se recusam a ser um alvo fácil para outros manipuladores. Em geral, focam primeiro e acima de tudo naquilo que é melhor para a empresa e não no uso de seu poder de manipulação para obter vantagens pessoais. A linha entre os dois raramente é clara, mas é isso que o Lobo irá tentar fazer a cada dia. Nas próximas partes deste livro, exploraremos a situação específica em que um executivo de TI precisará manipular e as táticas que são mais eficazes para se atingir o sucesso.

### Kit de Sobrevivência do Lobo

Corre-se tanto risco na manipulação quanto em dizer a verdade. Os executivos de TI precisam "escolher o seu veneno" e determinar qual método é mais indicado, tanto em termos profissionais quanto éticos. Os Pombos voam bem alto, porém é um longo e terrível caminho para voltarem a terra firme. As Serpentes já estão em terra firme, mas precisam determinar a distância que estão dispostas a percorrer em terreno enlameado para concretizar seus objetivos.

Lembre-se:

- A honestidade nem sempre é a melhor política em todas as situações.
- A manipulação é o lado sombrio da influência.
- Os extremos de Pombo oferecem equidade e estrutura àqueles que assim desejam.
- Os extremos de Serpente oferecem adaptabilidade e subterfúgio àqueles que assim desejam.
- O Lobo se esforça para usar a manipulação de modo altruísta e não em benefício próprio.

# 10. Trate seus Colegas como Amigos, mas Parta do Princípio que São Inimigos

*O pior que um príncipe pode esperar de um povo que lhe é hostil é ser por ele abandonado;*

*Contudo, dos nobres hostis não deve ele apenas ter medo de ser abandonado, mas também por estes poderem vir a se voltar contra ele.*

*Estes, por serem mais astutos e terem maior visão, sempre se salvarão a tempo e buscarão cair nas graças daquele que acham que será o vencedor.*

Maquiavel, *O Príncipe*

## Quanto mais tiverem a perder, maior a probabilidade de eles se voltarem contra você

Em geral, a forma como um executivo de TI trata com uma parte interessada desconhecida é um indicador-chave de sua abordagem manipuladora. Deveria um executivo de TI confiar em todas as partes interessadas desconhecidas até que elas lhe deem motivo para não mais confiar nelas ou deveria ele não recear em adotar a postura de esperar e observar para garantir que está lidando com um amigo e não com um possível inimigo? Maquiavel nos alerta que confiar em pessoas recém-conhecidas e que se encontram hierarquicamente abaixo, normalmente representam um risco pequeno. A menos que elas estejam alinhadas com alguém acima de nós, o pior que poderão fazer é ir embora e, normalmente, você encontrará alguém para colocar no lugar. Nossos colegas executivos da área comercial são muito mais perigosos já que eles têm muito a perder e, provavelmente, se virarão contra alguém o atacando para salvarem a sua própria pele.

Consideremos a situação de Lori. Atuando há mais de 20 anos no segmento bancário, ela viu muitos colegas irem e virem. Recentemente, um novo diretor financeiro solicitou a substituição do sistema ERP. Lori havia implementado o sistema atual para o diretor financeiro anterior há apenas dois anos e, embora ele não seja perfeito, ela acreditava que ele fosse suficiente para a tarefa e que poderia modificá-lo para atender às necessidades do novo diretor financeiro e economizar o custo de substituição. Entretanto, o novo CEO se mostrou inflexível quanto a ter o mesmo sistema que usara na companhia anterior.

Lori possui um estilo Pombo de liderança, de modo que ela deu ao novo diretor financeiro o benefício da dúvida de que realmente existia algo diferente em relação a este novo sistema financeiro. Ela partiu do pressuposto que o diretor financeiro soubesse o que queria e de que ele realmente precisava deste novo sistema. Ela disse a este diretor que ele teria de se esforçar muito para completar o outro trabalho que ele próprio havia planejado para os 12 meses seguintes, mas o diretor disse a ela para confiar nele, pois ele iria ter o apoio de outras partes interessadas em relação a este compromisso. Lori cometeu o erro de resolver acreditar nele – comportamento típico de um Pombo. Quando ela ficou atrasada em relação ao programado e o orçamento total para TI havia se esgotado antes do previsto, este mesmo diretor financeiro teceu críticas mordazes em relação a ela diante do conselho de administração. Ao ter confiado no diretor financeiro com base em seu próprio julgamento, ela acabou ficando sem defesa e sua reputação foi irreparavelmente manchada.

## As Serpentes não tomam nada por certo

Paul, executivo de TI de um fundo de pensão está em uma situação similar com um novo diretor das unidades de negócios. O novo diretor pediu um pacote de software específico de um dado fornecedor. O pedido se apresentou quase como um fato consumado, e Paul ficou surpreso com o quanto o diretor havia avançado sem envolvê-lo no processo. Paul realizou uma extensa busca na Internet sobre o diretor desta unidade de negócios. Artigos recentes mencionam sua constante mudança de uma empresa para outra. Existem também tuites sobre o seu novo colega e comentários em sites que registram várias corporações. O tráfego da internet está dividido tanto em relação ao seu estilo de gestão quanto às suas capacidades. Algumas pessoas acham que ele é brilhante, outras acreditam no contrário. Ele havia tido dois empregos nos últimos três anos e parece ter deixado o cargo em cada um deles em condições um tanto dúbias.

Paul sabe que o conteúdo na Internet raramente é preciso, mas é afetado pelas representações extremas deste novo colega. Ele

**114** Executivo em Pele de Lobo

decidiu prosseguir com cautela e deixar em compasso de espera a solicitação do novo diretor, explorando outras opções e reunindo mais informações diretamente dele. Ele não chegou à conclusão de que o seu novo colega é um sujeito bom ou ruim, mas decidiu reservar um tempo para descobrir isso antes de investir muito. Dado o seu passado, Paul sabe que existe uma grande chance de ele sair antes de qualquer decisão de implementação ter sido tomada.

O olho do executivo de TI para detalhes e habilidades analíticas pode ser sua mais útil ferramenta de manipulação. Embora confiar demais seja perigoso, o mesmo acontece com conclusões precipitadas. É por isso que é crítico reunir informações apropriadas. Quando um executivo de TI se dá ao trabalho de fazer uma pesquisa e aplicar sua capacidade de analisar informações para situações como estas, ele pode evitar a ocorrência de desastres relacionados com a TI devido a partes interessadas não confiáveis ou equivocadas.

## Para encontrar as verdadeiras intenções, vá até a fonte

No exemplo anterior, o executivo de TI usou a internet e outras fontes secundárias para reunir informações sobre um novo colega para determinar se ele era confiável. Uma das fontes mais subutilizadas de informações de manipulação úteis são os próprios colegas. Considere este intercâmbio que tive com vários executivos de TI. O executivo de TI irá confidenciar: "Não sei se devo confiar neste sujeito. Ele solicitou um novo pacote de software que na minha opinião é desnecessário, eu não sei por que ele realmente o quer ou o que ele está esperando conquistar. Tenho a impressão que há, neste caso, segundas intenções, mas não sei exatamente quais." Você perguntou a ele? Não. Por quê? "Eu não sei."

Muitas vezes, temos a impressão de que uma parte interessada tem segundas intenções, quando na verdade não perguntamos a ela nada sobre isso. Tecnicamente as intenções e interesses delas não estão ocultos se você nem perguntou a ela. Certas vezes, os executivos de TI deixarão de perguntar, seja por pressupor que o colega deveria informar a eles e, preferencialmente, documentá-las ou por acreditarem que perguntar diretamente poderia ser considerado mal-educado. Indagar respeitosamente um colega pode conduzir a informações significativas sobre a sua confiabilidade. Considere dizer: "Gostaria de ajudá-lo. Há um problema empresarial que você acredita que isso irá solucionar? Talvez eu tenha alternativas melhores. Você está aberto a sugestões? Não tenho certeza de ter entendido; você poderia me dar maiores detalhes?".

As respostas poderão ser uma agradável surpresa para o executivo de TI que descobre que suas preocupações eram infundadas. Ou, as evasivas dos colegas às perguntas ou respostas inconsistentes poderiam confirmar suas suspeitas de que eles partem para o lado sombrio. Em ambos os casos, o executivo de TI tem mais informações agora do que anteriormente. Ele pode determinar se de fato estava sendo manipulado ou terá aprendido como melhor manipular o seu colega.

## O Lobo espera pelo melhor, mas planeja para o pior

Stephen valoriza o seu tempo e não se sobressalta quando uma nova parte interessada entra em cena. Como executivo de TI de uma empresa de biotecnologia, ele trabalha com várias pessoas empreendedoras que têm grandes ideias. Entretanto, como acontece em muitos ambientes inovadores, há ideias e, depois, há défi-

**116** Executivo em Pele de Lobo

cits de atenção. Muitas das partes interessadas ficam enamoradas por novas ideias, mas depois rapidamente mudam para o próximo brinquedo novo e reluzente quando este chama a atenção delas. Ele foi prejudicado várias vezes quando uma parte interessada entusiasmada absolutamente e desesperadamente precisava de algo para em seguida desaparecer quando perdia o interesse.

Resultado disso, Stephen adotou o estilo *otimismo pragmático* para lidar com tais situações. Ele jamais duvidou da sinceridade dos colegas na proposta de novas iniciativas relativas a TI ou na sinceridade de dizerem que irão dedicar o tempo necessário a elas. Entretanto, o seu outro lado sempre duvida e, portanto, testa continuamente o comprometimento dos solicitantes sem dizer a eles o que ele está fazendo. Quando o abordam com ideias, ele se deixa envolver pelo entusiasmo deles, mas pede para que eles preencham alguns formulários de proposta relativamente simples. Se eles considerarem a tarefa demasiada, então Stephen sabe que eles não estão comprometidos. Se passarem por este obstáculo, então ele exige mais tempo deles. Se passarem neste teste, então ele continua. Se eles continuarem a vencer cada obstáculo que ele coloca diante deles, então ele sabe que provavelmente eles são dignos de confiança.

## Kit de Sobrevivência do Lobo

Os executivos de TI precisam usar suas habilidades analíticas e de coleta de dados para avaliar individualmente cada novo interessado para determinar se eles são dignos de confiança e para investimento de recursos. Infelizmente, a confiança não é algo que se deva aplicar indiferentemente a qualquer um. Muitos indivíduos veem a confiança como uma dádiva e tentativa de ser merecedor dela, porém outros encaram a confiança como um claro sinal de fraqueza. Embora Pombos possam argumentar que a dúvida é uma profecia que se realiza por si só, na realidade, as Serpentes sabem que a confiança, para ter algum valor, deve ser conquistada e não dada de graça.

Lembre-se:

- Quanto mais tiverem a perder, maior a probabilidade de eles se voltarem contra você.
- As Serpentes não tomam nada por certo.
- Para encontrar as verdadeiras intenções, vá até a fonte.
- O Lobo espera pelo melhor, mas planeja para o pior.

# 11. Trate as Informações como uma Arma e Não Deixe a Arma Carregada Apontada para Você

*Antes de tudo, esteja armado.*

Maquiavel, *O Príncipe*

## Se ele errar o primeiro tiro, não dê ao seu inimigo uma arma mais poderosa

Richard, executivo de TI de uma seguradora da Europa Ocidental, não consegue entender porque é atacado constantemente. Seus colegas questionam continuamente o custo e o valor da TI e dizem não entender o que a TI está realizando na prática, muito embora pareça que ele esteja em constante comunicação com eles, informando-os sobre custos, orçamentos, planos de trabalho e uma grande gama de detalhes. Richard é extremamente aberto a críticas, é formado em engenharia e ciências da computação e possui quase 20 anos de experiência. Ele sabe o que está fazendo e acredita que, no todo, está realizando um ótimo trabalho. Mas ele sente como se os seus colegas estivessem controlando com excessiva atenção aos mínimos detalhes, muitos deles sem importância, e constantemente fazendo críticas, sem nenhuma perspectiva de que isso acabe.

A orientação tradicional na gestão de TI defende que a transparência no exercício da função de executivo de TI seja a melhor prática. Maquiavel acreditava que um líder, sobretudo, precisa andar armado. Como vimos anteriormente, a informação é uma poderosa arma que o executivo de TI pode usar para se proteger contra aqueles que não são dignos de confiança. Mas uma arma pode se voltar contra aqueles que a portam. Executivos de TI com estilo Pombo em geral carregam a arma com informações e depois ficam chocados quando seus colegas usam esta mesma arma para atirar neles. O que eles fazem em seguida? Reúnem mais informações, carregam a arma e a colocam nas mãos de colegas hostis, imaginando que um volume maior de informações irá resolver o problema. Não carregue a arma.

Richard, aquele executivo de TI da seguradora, é um Pombo. Ele adota a transparência ao extremo. Cada vez que um colega questiona um projeto ou por que o projeto está ficando atrasado em relação ao cronograma, ele repassa o maior número possível de informações. Quando estas ainda não os satisfazem, ele passa mais informações ainda e o frustrante ciclo se repete. Os executivos tendem a acreditar que outras pessoas dividem informações com eles para que eles, executivos, possam fazer algo com elas, mesmo que lhes seja dito que são apenas a título informativo. Quando mais informações um executivo de TI repassar, maior a chance de eles estarem sujeitos a um controle excessivo por parte dos demais em consequência disso. Portanto, os executivos de TI devem evitar compartilhar informações a todo o custo. Felizmente, existem alternativas.

## Uma Serpente sabe como ocultar informações à vista de todos

Emily, executiva de TI de uma financeira, está ciente das tendências de seus colegas no sentido deste controle excessivo. Muitos membros da diretoria são contadores ou gerentes financeiros que continuamente solicitam grande volume de dados para satisfazer suas tendências analíticas. Para Emily, infelizmente, eles são como muitos outros executivos que acreditam ter o direito de atuar ou tomar uma decisão sobre quaisquer informações que recebam, mesmo que nenhuma medida seja necessária.

Felizmente, Emily usa uma estratégia Serpente para lidar com isso. Ela coleta informações, gera e compartilha toneladas de dados com os executivos relacionados e, intencionalmente, esconde informações-chave em locais que pouco provavelmente eles irão encontrar. Tecnicamente ela está sendo transparente e fornecendo aquilo que eles solicitaram. Na prática, ela está evitando ser controlada em demasia naquilo que realmente importa. Trata-se de uma estratégia arriscada – tanto em relação à tentativa de ocultar informações quanto à percepção que pode ser criada em relação a ela. Levada ao extremo, se seus colegas jamais encontrarem qualquer coisa significativa na tonelada de dados, eles podem achar que ela é incompetente e deixar de confiar nela em todos os aspectos.

## Compartilhar dados em demasia conduz à falta de confiança e de credibilidade

Os executivos de TI geralmente têm um conceito bastante diferente de transparência daquele de outros executivos. Para os executivos de TI, normalmente transparência significa dividir com outras toneladas de dados e detalhes que outro tipo de executivo jamais pensaria em dividir. Os executivos de TI devem comparar a quantidade de dados sobre suas atividades que eles compartilham com aquela compartilhada por parte de executivos de outras áreas e ajustar de acordo. Isso é particularmente crítico segundo uma perspectiva de percepção. Se um executivo de TI divide uma grande quantidade de informações e seus pares pouco, isso é sinal de que eles não são pares. Um deles é um prestador de serviços que não tem outra opção a não ser revelar tudo, ao passo que o outro não. Pares e parceiros compartilham a mesma quantidade de informações entre si e os executivos de TI devem se esforçar para que esta proporção faça parte da relação.

Os executivos de TI também devem estar atentos para que a forma como eles compartilham estas informações determinem se os colegas são ou não confiáveis. A diferença entre credibilidade e confiança é que, ao confiar em alguém, paramos de solicitar dados a ele. Quando um executivo de TI divide informações em demasia, é o mesmo que dizer: "Não confie em mim, eu não sei do que estou falando e preciso provar para você". Considere a quantidade de dados que seus colegas estão realmente solicitando e quanto do seu compartilhamento pode ser um autoflagelo que tem origem nas boas intenções. Ao mesmo tempo, a confiança é uma jornada de extremos delicados. Se formos ao extremo de, inicialmente, não dividirmos um volume de informações suficiente, perdemos a oportunidade de conquistar a confiança dos outros. Portanto, os executivos de TI devem dividir dados suficientes para ganhar confiança, mas não dados em demasia; depois disso, compartilhe menos.

## O Lobo divide aquilo que é necessário, mas nenhum pouquinho além

Nick se criou na TI e no setor varejista. Na qualidade de um executivo de TI-Lobo ele é bastante criterioso no que tange às informações que divide com outros executivos. Quando um executivo solicita informações sobre o andamento de um projeto relacionado com TI, em geral ele pergunta que informações seriam úteis para eles ou então como eles planejam usar estas informações. Ao fazer perguntas esclarecedoras, ele será capaz de visar às informações mais apropriadas e terá maiores chances de acertar o alvo. Se ele suspeitar que uma parte interessada é hostil, ele passa menos informações do que aquelas solicitadas ou até mesmo retarda este repasse de informações até que esteja certo de como elas serão usadas. No passado, ele compartilharia informações em demasia na expectativa de que algo naquela pilha de informações seria aquilo que os outros precisariam ou queriam.

Ele aprendeu a imitar o estilo de seus colegas em tarefas como requisição de verbas. Por exemplo, ele costumava fazer extensos estudos de viabilidade adequados aos padrões recomendados das melhores práticas na área de TI. Ele ficava chocado com a superficialidade dos estudos de viabilidade que os seus colegas apresentavam ao CEO para requisição de verbas. Depois disso, diz Nick: "Percebi que o CEO aprovava constantemente as solicitações de verba para estes estudos de viabilidade superficiais. E perguntei a mim mesmo por que eu tinha que ter toda aquela trabalheira quando estava claro que ela não era necessária?". De fato, Nick também se deu conta que, ao fornecer informações demais, ele, na verdade, passava uma imagem ao CEO de jogar na defesa e mostrar-se menos seguro do que os seus colegas nos estudos de viabilidade. Ao aplicar a tática do Lobo cinzento de compartilhamento equivalente, isto é, dividir a mesma quantidade de informações do que aquela passada a você pelos outros, os executivos de TI podem equalizar as relações com seus pares e evitar o compartilhamento excessivo de informações.

## Kit de Sobrevivência do Lobo

Lembre-se:

- Se ele errar o primeiro tiro, não dê ao seu inimigo uma arma mais poderosa.
- Os Pombos adotam a transparência ao extremo e, inadvertidamente, dão abertura a um controle excessivo por parte dos demais.
- Uma Serpente sabe como ocultar informações à vista de todos.
- Compartilhar dados em demasia conduz a uma falta de confiança e de credibilidade.
- Os executivos de TI devem dividir dados suficientes para ganhar confiança, mas não dados em demasia; depois disso, compartilhe menos.

# 12. Reconheça que Geralmente o Herói é o Incendiário; Portanto, Não Atice o Fogo

*Os homens são tão dominados pelas necessidades imediatas que um príncipe enganador sempre encontrará aqueles que se deixam enganar.*

Maquiavel, *O Príncipe*

## Não acione o hidrante ao atender um alarme falso

O que deve fazer um executivo de TI? *Eles precisam disso agora. Eles precisam disso imediatamente. Na verdade, eles precisavam disso para ontem. Eles não têm tempo para planejar com antecedência, pois estão muito ocupados. Eles nunca precisaram disso antes, mas eles realmente precisam disso agora. Eles acabaram de pensar nisso e é absolutamente importante, tão importante que não tiveram tempo para explicar ou entender o que isso realmente faz. E todo mundo já tem isso, estamos absolutamente certos; portanto, é urgente que eles tenham isso já.* Todas estas frases lhe soam familiares? Muitos executivos de TI se veem diante de pedidos urgentes. A urgência é um instrumento pouco entendido, mas um poderoso instrumento de chantagem emocional. A forma como o executivo de TI lida com ela pode determinar se ele é um mestre na manipulação ou, pelo contrário, uma vítima dela.

Maquiavel alerta que o logro é mais fácil do que se pode imaginar, já que poucos de nós pensam além do agora. Os executivos de TI e líderes da área de TI geralmente têm uma personalidade voltada para a ação. Trata-se de um ótimo traço, mas ele também pode fazer com que eles estejam sujeitos à manipulação. A tendência de tomar providências pode muitas vezes superar o instinto de parar e verificar se estamos lidando com um alarme falso.

Os executivos de TI se consideram muito racionais e alguns acreditam que são mais racionais do que seus colegas em outros departamentos. Embora isso possa ou não ser verdade, a confiança na racionalidade e objetividade de alguém pode fazer com que nós nos recusemos a enxergar a realidade sobre o poder que nossas emoções têm sobre nós. Em geral, pedidos urgentes são carregados com forte carga emocional e provocam fortes emoções. Se não estivermos cientes da dinâmica que isto cria, facilmente podemos perder o controle delas e ficar sujeitos à manipulação. Quando um executivo de TI compreende o poder das emoções, ele poderá usá-las a seu favor.

## Pombos entram rapidamente na casa em chamas e tentam resgatar o peixinho dourado no aquário

Consideremos Samuel, executivo de TI de um órgão ligado ao Ministério da Defesa dos Estados Unidos. Parece que praticamente todos os pedidos que chegam no departamento de TI são, de alguma maneira, urgentes ou críticos. Samuel suspeita que embora os seus colegas tenham necessidades críticas legítimas, muitos dos pedidos não são de fato urgentes e seus colegas poderiam ter planejado com antecedência caso assim quisessem fazer. Entretanto, cada vez que eles o procuram com algum desafio, eles estão tão agitados e são tão insistentes que é difícil parar e lidar com isso como qualquer nível a não ser o de urgência.

Samuel é do tipo Pombo, dentro de uma empresa repleta de Serpentes inesperadas. Em organizações como entidades militares, equipes de socorristas e setores em que muitas questões são legitimamente "de vida ou morte", um sangue-frio pode se infiltrar praticamente em todos os aspectos da tomada de decisão. Até certo ponto, pessoas muito boas, defensoras do lado luz, na verdade, passam a acreditar que praticamente qualquer decisão que venham a tomar, de armamento a e-mail, tem uma implicação de vida ou morte. Em ambientes assim com alta carga emocional, eles muitas vezes partem para o lado sombra ao não questionarem seus pressupostos e a manipulação torna-se comum.

Se, por exemplo, Samuel voltasse atrás e dissesse que um pedido "urgente" não é de fato crítico, um colega poderia inferir que essa falta de cooperação estaria colocando vidas em perigo. Embora eles não acreditem inteiramente que isso seja verdade, a carga emocional do ambiente pode bloquear a tomada de decisão e os atores poderão chantagear uns aos outros continuamente e nas mínimas questões, sem nem mesmo se darem conta disso.

## Algumas vezes você é a própria Serpente na pele de um herói

É importante notar, contudo, que os executivos de TI muitas vezes com prazer fazem uso da manipulação e assumem o papel de

**128** Executivo em Pele de Lobo

Serpente. Muitos executivos de TI, seja secreta ou abertamente, gostam da oportunidade de atender ao pedido urgente, vestem suas "capas de herói" e salvam a pátria. Eles sentem prazer e satisfação ao trabalhar sob pressão e realizar o que parece impossível. A pressa cria uma dependência; portanto, quando chega um pedido urgente, eles nem mesmo tentam filtrá-lo e buscam a pressa como um viciado. Eles se tornam cúmplices em sua própria chantagem. Esta dinâmica é mais bem exemplificada pela realidade que, algumas vezes, o incendiário é o próprio bombeiro. Se ninguém estiver botando fogo em algum lugar, é sabido que certos bombeiros incendeiam de modo a poderem atuar como heróis.

As partes interessadas logo se dão conta de que os executivos de TI e o departamento de TI adoram o fogo da urgência, de modo que eles continuamente o alimentam. Eles sabem, desde que classifiquem algo como urgente, que não terão de preencher um formulário ou planejar com antecedência e o ciclo irá continuar. Todo mundo consegue algo deste arranjo.

Uma das coisas que pode interromper o ciclo da chantagem emocional é a traição. Partes interessadas manipuladoras geralmente irão botar lenha na fogueira da urgência e convocar o executivo de TI, chamando-o de aliado, amigo ou parceiro. Depois, quando o pedido urgente já tiver sido atendido, de repente o executivo de TI se torna novamente um estranho e relegado à condição de prestador de serviços. O executivo de TI, que esperava conseguir uma relação mais próxima a partir do pacto, se sente traído pela parte interessada.

Pior ainda, caso o pedido urgente seja mal atendido segundo a perspectiva da parte interessada; depois, em geral deixando o executivo de TI em estado de choque, o "aliado" se voltará contra ele e jogará a culpa toda na área de TI. Quando pedidos urgentes não resultam em amizades duradouras ou um colega de outra área se rebela contra ele, estes são indícios de que o executivo de TI estava, na verdade, sendo manipulado pelo colega desde o princípio, mesmo que este não tivesse a intenção de fazê-lo. E, em outros casos, a manipulação do colega era claramente intencional.

## Lobos interrompem o ciclo para criar comportamentos mais saudáveis e melhores resultados

Infelizmente, quando o ciclo de chantagem emocional é quebrado por traição, podem ocorrer ressentimento e danos irreparáveis. Os executivos de TI podem adotar medidas construtivas para interromper o ciclo e adotar novos padrões comportamentais que irão beneficiar todos os envolvidos. Para impedir o ciclo, os executivos de TI devem documentar e acompanhar os pedidos urgentes de modo a poderem analisar o padrão da urgência. Conforme observado por um Lobo: "Acabou se revelando que todas as solicitações urgentes eram provenientes de uma ou duas partes interessadas e estas eram atores menores dentro da organização que estavam sendo ignoradas pelos outros e queriam atenção". Estas partes interessadas tendem a perceber que os executivos de TI e os líderes de TI, por serem altamente voltados a processos e igualitários, normalmente tratam todos os interessados da mesma maneira. Embora essa ética democrática seja admirável, os executivos de TI devem tomar cuidado para gerenciarem o tempo gasto com cada colega.

Os executivos de TI devem variar suas abordagens de acordo com a situação. Se um colega raramente faz um pedido urgente e o executivo de TI tem poucos motivos para desconfiar dele, eles devem correr um risco calculado de dar prosseguimento ao pedido. Alternativamente, eles podem testar cada solicitação urgente de forma preliminar. Por exemplo, um executivo de TI citou que ele exige de cada um que fez um pedido urgente, a obtenção da assinatura do respectivo gerente confirmando a tal urgência e faz uma verificação antecipada dos possíveis benefícios gerados por esse pedido. Essa pequena exigência conseguiu deter a grande maioria dos pedidos "urgentes" sem grandes dramas e efeitos colaterais mínimos.

Outros executivos de TI quebram o ciclo de urgência insistindo respeitosamente nas respostas para perguntas simples como: *Por que você precisa disto agora? Quanto iremos perder de receita por semana se não o atendermos rapidamente? Seremos penalizados por não fazermos isso? Em caso positivo, qual o valor e a probabilidade da pena? Quem será prejudicado caso não o atendamos imediatamente? Quem irá se beneficiar caso aguardemos e procedamos de outra forma? Você está disposto a pagar um extra para que o seu pedido seja priorizado? Os benefícios adicionais cobrem o custo desta priorização?* Envolver colegas neste nível de discussão, pode quebrar o ciclo emocional e fazer com que as partes interessadas reflitam de modo mais objetivo em relação aos seus pedidos. Entretanto, este tipo de tática realmente requer a força de um Lobo, já que o executivo de TI não deve recuar diante de pressão e deve insistir para que seus colegas realmente parem e respondam as perguntas.

## Dê a eles o que realmente querem, e não o que pediram

Ao lidar com partes interessadas realmente poderosas que parecem estar agindo de má-fé, os executivos de TI devem administrar um delicado equilíbrio. Consideremos Lauren, uma executiva de TI-Lobo que trabalha para um *private equity*, que se viu diante de um pedido urgente do CEO. Ele queria que fosse implementado imediatamente um novo sistema CRM. Ele disse a Lauren que um outro CEO conhecido seu havia implementado o sistema em seis meses e ele queria que isso fosse feito em apenas três. Embora o CEO alegasse razões comerciais para o investimento, Lauren sabia que ele havia tido uma relação pessoal muito acirrada com este outro CEO. Ela suspeitava que nem mesmo o seu CEO sabia as verdadeiras razões para querer aquele sistema.

Agindo como uma Serpente, ela perguntou se ela poderia contatar o executivo de TI do outro CEO, *para coletar informações para ajudar a acelerar a implementação,* e obteve uma resposta positiva. Logo depois, ela informou seu CEO que a implementação do imponente sistema havia custado US$ 18 milhões para a outra empresa. Ela disse a ele que ficaria feliz em implementá-lo na própria empresa, desde que o CEO entendesse que o custo seria o dobro dado que eles teriam a metade do prazo para implementá-lo. O CEO desistiu da solicitação do novo sistema, *já que ele não precisava mais dele.*

Tendo vencido a batalha, e para garantir que ela também venceria a guerra, Lauren trabalhou rapidamente para encontrar para o seu CEO um sistema inovador e mais barato que ele poderia se gabar diante do outro CEO. Adotando este comportamento, ela poderia fornecer a ele um sistema que ele realmente queria, e não aquele que havia solicitado a ela. Apesar do perigo do ciclo de chantagem emocional, todo mundo merece ter pelo menos parte de suas necessidades emocionais atendidas. Lauren reconheceu a importância de apoiar o CEO no atendimento de uma necessidade emocional extrema. Mas a empatia dela por ele a levou à adoção de um comportamento de Lobo cinzento (tirando e dando) que ajudou a ter um CEO contente e um ambiente mais saudável para todo mundo.

### Kit de Sobrevivência do Lobo

Algumas vezes somos enganados e outras vezes enganamos a nós mesmos. Saber trabalhar o logro implica estar acima do que nós precisamos e compreender o que realmente queremos e o que nos motiva. As mentiras mais difíceis de serem discernidas são aquelas que contamos para nós mesmos e para os outros originadas de boas intenções e da força do hábito. Regularmente faça a seguinte pergunta: *Qual a mentira que estou contando para mim mesmo e como eu faço parte do ciclo?*

Lembre-se:

- Não acione o hidrante ao atender um alarme falso.
- Pombos entram de forma precipitosa na casa em chamas e tentam resgatar o peixinho dourado no aquário.
- Algumas vezes você é a própria Serpente na pele de um herói.

- Lobos interrompem o ciclo para criar comportamentos mais saudáveis e melhores resultados.
- Dê a eles o que realmente querem, e não o que pediram.

# 13. Impeça, de forma implacável, que os Outros Desperdicem o Tempo da Área de TI

*A experiência de nossos tempos demonstra que
os príncipes que obtiveram grandes conquistas
deram pouca importância à boa-fé e que souberam,
através da astúcia, driblar a inteligência dos demais.*

*E que, no final, obtiveram o melhor daqueles
cujas ações foram ditadas pela lealdade e boa-fé.*

Maquiavel, *O Príncipe*

## Se você não tratar o seu tempo como valioso, ninguém o fará

Os executivos de TI se esforçam para serem parceiros de seus colegas de empresa. Verdadeiras parcerias não são o que muitos de nós imaginamos. Parceria é uma relação recíproca entre partes com poder e *status* aproximadamente equivalentes. É aí que, em geral, as relações da área de TI com o resto da empresa deixam a desejar. Em uma relação de "tirar pedidos", a área de TI pode sentir que está dando enquanto o resto da empresa está recebendo. Este tipo de relação normalmente se desenvolve porque a área de TI acredita que se encontra em uma posição mais fraca devido a desafios anteriores de cumprimento de tarefas, ou que simplesmente este é o seu papel apropriado.

O *status* normalmente é consequência do poder. A habilidade de fazer as coisas acontecerem eleva o *status* real ou percebido pelos outros de um indivíduo ou grupo em relação aos demais. *Status* também é resultado de postura – indícios que indivíduos ou grupos deixam transparecer referentes à percepção que eles têm de nós. Muitas vezes os executivos de TI sem querer dão indícios de um *status* inferior. Maquiavel aconselha que é apropriado para um líder deixar de cumprir sua palavra quando outros assim o fazem. Contudo, raramente os executivos de TI fazem isso e acabam deixando transparecer que eles não têm liberdade para descumprir o combinado e, portanto, possuem um *status* inferior ao de seus colegas.

## Uma atitude de Pombo diminui o seu *status* e prejudica as parcerias

Consideremos Daniel, que trabalha em um hospital municipal. Ele sabe que pode contar com alguns colegas como patrocinadores e os usa sempre que pode. Quando os seus patrocinadores reservam tempo para se envolverem, os projetos tendem a ter um andamento tranquilo e todo mundo fica contente com os resultados. Entretanto, ele é ciente de que determinadas partes interessadas possuem um histórico de não participar ativamente. Quando esses colegas fizeram pedidos para a área de TI, ele conseguiu terminar o projeto, porém compensando a falta de participação deles indicando líderes mais duros e alocando equipes maiores de modo a poderem assumir o papel que normalmente seria desempenhado pelo patrocinador do projeto.

Embora se possa argumentar que isso é altamente pragmático e, em última instância, atende às necessidades da empresa, essa abordagem apresenta um efeito colateral importante a ela associado. Os seus colegas aprenderam que: *Quanto menos eu fizer, mais o departamento de TI fará. Portanto, por que fazer mais?* E eles aprendem a racionalizar seus comportamentos dizendo: *Meu tempo é mais valioso do que o deles; portanto, não devo perder o meu tempo em projetos de TI.* Ao tentar evitar o problema ele, inadvertidamente, o alimentou, prejudicando o *status* da área de TI dentro da organização. Colegas de outras áreas que anteriormente se envolviam e se comportavam como ótimos parceiros passaram a sentir-se como se estivessem sendo penalizados pelo bom comportamento deles e deixaram de participar. Em última instância, todo mundo saiu perdendo já que um manipulava o outro no sentido de levá-lo ao fracasso.

## Serpentes dão pronto atendimento fornecido pela pior equipe de projetos que tiverem

Megan trabalha em uma indústria farmacêutica, em que as partes interessadas podem ser exigentes e o grande volume de solicitações relacionadas com TI é difícil de ser administrado. Quando patrocinadores de projetos deixam de participar ativamente, isso torna o trabalho dela ainda mais difícil. Muitos de seus colegas são patrocinadores de projetos de destaque, que participam ativamente e ajudam a tornar prazeroso o seu trabalho. Determinados colegas continuamente requisitam projetos de TI com prazos apertados, depois desaparecem e, aparentemente, esperam que eles surjam como num passe de mágica sem nenhum investimento por parte deles.

Megan adotou uma estratégia do tipo Serpente mais conhecida por "reforço negativo". Embora um Pombo possa compensar a falta de um patrocinador de projeto aplicando grandes recursos, uma Serpente penaliza o patrocinador alocando a equipe de projetos mais fraca que tiver. Megan pega a sua equipe mais jovem e menos habilitada e a coloca para trabalhar para o dono do projeto pouco colaborador.

Quando este último reclama, ela se finge de inocente. *Bem, eles são jovens, porém todo mundo tem que começar um dia, não é mesmo? Eu apreciaria muito caso você pudesse orientá-los durante o processo. Eu sei que você não está pedindo tratamento especial ao solicitar uma nova equipe já que isso não seria razoável, não é mesmo? Não, eu sei que não foi isso que você quis dizer. Tenho certeza que você irá adorar trabalhar com nossos "recrutas".* Embora no curto prazo este comportamento de alto risco possa colocar em perigo o projeto, no longo prazo ele criará uma maior consideração pelo tempo da área de TI e ensinará participantes malandros a ter um comportamento melhor.

## Um Lobo exige reciprocidade e responsabiliza todos

A maior parte dos departamentos de TI é excelente na estimativa de tempo do próprio departamento e de seus fornecedores, bem como na estimativa de recursos antes de iniciar um projeto. Apenas uma pequena porcentagem faz o mesmo com os seus colegas. Isso estabelece uma dinâmica parcial e fora da realidade dentro da organização em que nos convencemos de que o tempo de colegas de outras áreas é opcional para a execução bem-sucedida das iniciativas. Sob vários aspectos não estamos sendo claros ou sinceros com nossos colegas sobre qual é o papel deles no sucesso do projeto. Poderíamos supor que eles deveriam saber qual o próprio papel, mas raramente eles sabem e quase nunca irão se dar ao trabalho de tentar descobrir.

Toda vez que Rafael, executivo de TI de uma unidade de negócios de uma grande companhia de telecomunicações, lança um projeto, ele estima o tempo e os recursos necessários do patrocinador e partes interessadas importantes da mesma forma que ele faria para um consultor externo. Em seguida, ele estabelece etapas fundamentais tanto para cronograma quanto para recursos, inclusive produtos/serviços fundamentais a serem entregues e faz com que o patrocinador também assuma parte da responsabilidade por cumprir essas etapas fundamentais. Se o patrocinador se atrasar significativamente em relação ao estabelecido, ele para o projeto.

Conforme explica Rafael: "Se eles esquecerem o projeto, é o mesmo que dizer não é mais importante para nós. Se o projeto não é suficientemente importante para eles despenderem tempo, então por que é importante que eu e a minha equipe invistamos tempo nele?". Rafael, nosso executivo de TI-Lobo, acredita que é crucial ser o mais claro possível sobre o que os patrocinadores precisam fazer desde o princípio e, em seguida, faz com que eles se responsabilizem por isso. Caso contrário, os patrocinadores passarão a acreditar que o departamento de TI não está sendo realmente honesto ao dizer que precisam do envolvimento deles no projeto.

Alguns executivos de TI evitam interromper os projetos, pois temem criar uma onda constante de conflito. Embora isso possa vir a ser verdade, na realidade, basta uma parada ou cancelamento de projeto para demonstrar à empresa que o executivo de TI não está brincando em relação à necessidade do envolvimento do patrocinador no projeto de TI. Os executivos de TI devem considerar que um confronto difícil e visível pode dar uma indicação e mudar o comportamento do atual e dos possíveis patrocinadores no longo prazo.

## Kit de Sobrevivência do Lobo

Quando os executivos de TI permitem que as partes interessadas desapareçam e não cumpram a sua palavra em relação a projetos e iniciativas relacionados com TI, ele geralmente está emitindo o sinal errado. Os patrocinadores passam a pensar que o tempo deles é valioso, enquanto o do departamento de TI não. Eles passarão a acreditar que o *status* deles é elevado, ao passo que o do departamento de TI é baixo. Em geral, os executivos de TI evitam forçar o envolvimento, pois eles são obcecados por cumprirem o cronograma e respeitarem o orçamento. Os patrocinadores percebem este tipo de atitude e podem usá-la contra os executivos de TI.

Lembre-se:

- Se você não tratar o seu tempo como valioso, ninguém o fará.
- Uma atitude de Pombo diminui o seu status e prejudica as parcerias.
- As Serpentes dão pronto atendimento fornecido pela pior equipe de projetos que tiverem.
- Um Lobo exige reciprocidade e responsabiliza todos.

# 14. Combine o Poder do Lobo com as Táticas de Manipulação para Maximizar o Impacto

*Os romanos, logo no início de sua dominação, já lançavam mão da fraude,*

*Algo que sempre foi necessário praticar para aqueles que, de origem modesta, pretendiam atingir o mais alto degrau do poder;*

*E então passa a ser menos censurável quanto mais ela for dissimulada, como era aquele praticada pelos romanos.*

Maquiavel, *Discursos sobre a Primeira Década de Tito Lívio*

## Use o poder para gerar impacto e a manipulação como sistema de mira

Tanto o poder quanto a manipulação são importantes ferramentas de liderança quando usados separadamente. Conforme observado por Maquiavel, elas são particularmente eficazes quando

## 144 Executivo em Pele de Lobo

usadas em conjunto. Algumas vezes, a pura manipulação é suficiente para atingirmos nossos objetivos. O poder quando usado isoladamente pode ser perigoso, pois ele gera efeitos colaterais, cuja escala e impacto normalmente são imprevisíveis.

A administração tradicional nos instrui a minimizar os efeitos colaterais. Maquiavel discordaria desta afirmativa. Esta talvez seja a abordagem apropriada em empresas brandas; entretanto, ao lidar com uma cultura sombria, em geral se faz necessária a força. Contudo, mesmo ao lidar com o lado sombra, um executivo de TI-Lobo precisa evitar ser imprudente com o poder para garantir que os efeitos colaterais não sejam nem excessivos nem mirados na direção errada como, por exemplo, você mesmo. Consequentemente, poder e manipulação são mais eficazes quando usados juntos de forma hábil.

Uma grande dose de manipulação pode servir como sistema de mira para um executivo de TI-Lobo, habilitando-o a usar uma quantidade menor de poder para maximizar o efeito. Em suma, combinados desta forma, um executivo de TI pode minimizar tanto o uso da força quanto os danos, porém, atingindo o efeito máximo – essencialmente, um bombardeio de precisão. Consideremos a alternativa – usar uma dose maciça de poder com pouca precisão onde esperamos atingir nosso alvo atacando e arrasando toda a área em torno dele – um bombardeio de saturação.

## Aplique bombardeios de precisão para impedir que pequenos problemas se transformem em grandes problemas

O efeito colateral dos bombardeios de saturação pode superar o valor do alvo. Muitas empresas adotam a estratégia do bombardeio. Por exemplo, criar uma política dizendo *ninguém poderá mais trabalhar de seu home office* pois vários funcionários podem ter abusado da prática, em vez de focar em disciplinar os abusados e utilizá-los como alerta para os demais como em um bombardeio de precisão. A política de bombardeio pode desmoralizar o pessoal que se sentirá penalizado pelo comportamento dos outros e, muitas vezes, estes acabam perdendo a fé na liderança da empresa. Tal efeito colateral pode ser evitado.

Os bombardeios de precisão são particularmente úteis em situações em que um executivo de TI-Lobo quer tomar medidas preventivas para garantir que problemas menores acabem se tornando grandes problemas como, por exemplo, uma guerra. Conforme discutido anteriormente, muitas vezes os executivos de TI se veem em meio a situações hostis sem terem optado por isso. Tais situações exigem que eles partam para a ofensiva e lidem com situações que podem se tornar mais perigosas e de maior dimensão caso não sejam tratadas logo. Ao adotar técnicas de manipulação com uma certa dose de poder antes que uma parte maior da empresa seja afetada, os executivos de TI podem retardar ou evitar situações de guerra generalizada, em que os efeitos colaterais provavelmente serão muito mais amplos.

## Sufoque uma rebelião logo de início mirando o meio da multidão

Como um executivo de TI pode impedir que a agressão passiva por parte de uma equipe de projetos acabe se transformando em uma rebelião? Infelizmente, os executivos de TI precisam periodicamente lidar com equipes que estão trabalhando de forma lenta, mínima ou adotando uma atitude passiva e recusando-se

**146** Executivo em Pele de Lobo

a concluir um trabalho. Quando uma equipe tem más intenções, muita manipulação com uma pequena dose de poder é a melhor solução maquiavélica para lidar com a situação. Em casos em que um grupo se junta para se "rebelar", em geral eles acreditam que a multidão gerará a eles uma sensação de segurança e que o líder não estará disposto ou será incapaz de punir tanta gente junta. Um executivo de TI-Lobo eficaz irá garantir que os indivíduos não consigam se esconder nem encontrar proteção nas massas e, na realidade, irá encontrar maneiras de usar a mentalidade das massas contra elas.

William, executivo de TI de uma empresa de serviços alimentícios, descreveu a sua tática para lidar com a situação, mais bem descrita como *disparar bem no meio da multidão*. "Identifiquei um indivíduo na equipe de projetos que tinha um desempenho razoável e pelo qual a equipe tinha verdadeiro apreço. Em seguida, esperei. Quando ele disse algo em uma reunião da equipe de projetos com um certo tom de objeção, eu gritei, urrei e o mandei para fora da sala e fora da equipe na frente de todo mundo".

William prosseguiu em sua explicação: "A equipe ficou totalmente abalada com a cena e por saber que aquela pessoa não era a que tinha o pior desempenho dentre as outras ali presentes. Como consequência disso, eles não se sentiram mais seguros. Depois deste evento, a equipe finalmente começou a progredir. Se eu tivesse escolhido aquele com pior desempenho ou alguém de quem ninguém gostasse, então o restante da equipe ainda iria se sentir protegida pela massa e a tática não teria funcionado". Este tipo de tática, embora possa parecer injusta para alguns, evita danos em larga escala como o insucesso de todo o projeto em si ou, em uma situação extrema, a eliminação da equipe inteira devido ao fraco desempenho.

## Use um bombardeio de precisão para evitar que efeitos colaterais acabem lhe atingindo

Roger, executivo de TI de uma indústria americana de semicondutores, sofreu um ataque devido a uma falha de segurança no sistema que resultou em uma perda significativa de propriedade intelectual. O CEO pediu a Roger que identificasse a origem da falha. A origem revelou-se ser um outro executivo cujo *laptop* foi comprometido quando ele o usou para acessar sites "inapropriados". Esse executivo em particular e Roger jamais se deram bem. Conforme Roger descreve a situação: "Em todas as oportunidades ele discordaria de mim. Seja diante do CEO, do conselho de administração ou presidente de qualquer unidade de negócios, ele sempre discordava de qualquer ponto de vista meu e eu não tinha a mínima ideia do motivo".

A situação, contudo, criou uma mudança significativa em nossa relação. Conforme prosseguiu Roger, "Hoje nós somos ótimos amigos e trabalhamos bem juntos". Como Roger conseguiu este milagre? Ele descobriu que seu inimigo foi a origem da falha. O seu inimigo entrou em pânico, receoso de que o CEO iria descobrir seu comportamento inapropriado. Ele perguntou ao Roger se ele teve de contar ao CEO o que acontecera. Roger disse a ele: "Tive de dizer a ele que você foi a origem da falha de segurança. Não tive de dizer a ele exatamente o que você estava fazendo. Porém, de hoje em diante, use o seu computador pessoal para este tipo de coisa e não me deixe pegá-lo novamente". O seu terrível inimigo imediatamente se tornou um amigo.

Esta situação de alto risco acontece todos os dias para executivos de TI espalhados por todo o mundo dado o acesso que eles

## 148 Executivo em Pele de Lobo

têm a informações sobre atividades na internet de seus colegas executivos. Depois de denunciarem este tipo de comportamento *on-line* inadequado, alguns executivos de TI tiveram efeitos colaterais sobre sua pessoa, já que se viram como objetos de desconfiança de toda uma diretoria depois disso. Em casos extremos, executivos de TI que denunciaram o uso inapropriado da internet ficaram sujeitos à retaliação pelos CEOs que se sentiam pressionados a tomar medidas contra membros da diretoria que eles mesmos haviam contratado ou gostavam.

Embora tais retaliações sejam ilegais, é difícil impedi-las ou prová-las em um tribunal. Sam decidiu que como o seu colega não havia infringido nenhuma lei e a companhia não havia sido significativamente prejudicada pela situação, ele iria omitir detalhes do comportamento inadequado em seu relatório para o CEO e evitar que seu colega fosse possivelmente demitido. Ele evitou que possíveis efeitos colaterais recaíssem sobre ele próprio e melhorou a sua relação com este colega.

## Evite a prática de bombardeio para evitar futuro descontentamento

Como os executivos de TI devem lidar com situações que certamente o farão perder aliados e apoio? Consideremos a situação comum em que o executivo de TI de uma empresa tem de partir para um corte nos custos. Pode ser que a situação econômica tenha afetado profundamente o setor em que a sua empresa atua ou um novo concorrente tenha conquistado parte de seus clientes, de modo que a empresa está fazendo cortes até encontrar uma boa maneira de lidar com tal concorrente. Nestas situações, muitas vezes é pedido aos executivos de TI que façam cortes drásticos no orçamento, geralmente começando com a lista de projetos e com o plano de investimentos.

Imagine um executivo de TI a quem tenha sido solicitado o corte de 20% no orçamento para TI. A tática gerencial mais tradicional é cortar igualmente em 20% o orçamento para projetos de todas as partes envolvidas. Em um ambiente brando, é provável que as partes vejam com bons olhos esta prática bem como o executivo de TI e vejam negativamente a situação. Entretanto, em empresas sombrias esta tática não surte o mesmo efeito. As partes envolvidas terão a percepção de que o executivo de TI essencialmente realizou um bombardeio de saturação sobre todos eles.

Eles irão reclamar: *Isto não é justo, nós realmente precisamos deste projeto de TI e não tivemos nenhuma atualização em nossos sistemas. Outras unidades de negócios já conseguiram o que queriam e isso não fará a mínima diferença na capacidade de execução delas, porém, mais uma vez, nós seremos os prejudicados.* Outra parte interessada irá dizer: *Nós somos a parte mais estratégica da empresa e somos nós que geramos receitas; portanto, não faz o menor sentido efetuar cortes em nossos planos de TI. Este executivo de TI não entende nada do negócio.* Em uma cultura sombria, ao cortar igualmente todos os projetos de TI de seus colegas, o executivo de TI simplesmente garante que todos os seus colegas agora não gostem dele na mesma proporção.

O que um executivo de TI-Lobo faria é concentrar precisamente todo o orçamento que sobrou para projetos naqueles colegas que mais precisam ser bem-sucedidos ou que são mais críticos para o sucesso da empresa. Esses colegas são agora os amigos do executivo de TI. Todos os demais passam a ser inimigos, mas pelo

**150** Executivo em Pele de Lobo

menos agora o executivo de TI sabe quem é inimigo e quem é amigo. O efeito colateral foi concentrado em uma área específica em vez de se transformar em um ataque generalizado sobre toda a empresa, colocando em risco a reputação e o cargo do executivo de TI.

## Esteja preparado para o fato de suas pegadas o incriminarem

É importante para os novatos no campo da manipulação experimentar estas táticas com cuidado quando estiverem aprendendo a usá-las e testar seus limites éticos próprios. A prática leva à perfeição, mas esteja ciente de quanto mais você praticar uma tática, maior será a probabilidade de os outros perceberem. Quanto maior for o número de colegas que conhece seus artifícios, maior será a chance de alguém contar e você ser descoberto. Quanto mais subterfúgios usar, maior a chance de você deixar rastros de suas mentiras e de cair na própria armadilha. Portanto, proceda com cuidado. Mesmo o Lobo mais furtivo e manipulador mais cedo ou mais tarde será pego. Pode ser que seja má sorte ou então a forma de a natureza ficar nos testando. Em ambos os casos, considere as suas opções.

Uma opção é passar para o oposto extremo do Pombo e contar a verdade. Embora isso possa convencer os outros que suas intenções eram boas e que estava se comportando daquela maneira para o bem de todos, você acaba de confirmar ser um manipulador e, consequentemente, não confiável. Em uma empresa branda talvez lhe perdoem, porém, é pouco provável que voltarão a confiar em você novamente. Em uma organização sombria, em primeiro lugar, eles não confiam em você, já que a tendência deles é não confiar em ninguém. Mas agora que você foi pego, eles também não o respeitarão, já que você não é um manipulador tão bom assim a ponto de não ser pego.

Sua segunda opção é continuar fiel àquela mentira e depois mentir um pouco mais para encobrir suas pegadas. Agora você passou para o outro lado, o da Serpente. Em uma organização branda, é pouco provável que suspeitem daquilo que está fazendo. Como eles não podem provar que você mentiu, provavelmente eles lhe concederão o ônus da prova, já que para eles será difícil acreditar que alguém possa mentir tanto. Em uma organização sombria, é mais provável que suspeitem daquilo que você está fazendo, mas se não conseguirem provar, eles simplesmente irão observá-lo com mais cuidado no futuro. Alguns até irão admirar o seu feito e o considerarão um aliado confiável daí em diante.

## Kit de Sobrevivência do Lobo

Um executivo de TI-Lobo está sempre preparado e disposto a se adaptar às situações. Tenha em mente que ser pego não é motivo para parar de manipular, mas sim de praticar mais. Usando poder e manipulação na dose certa, você poderá limitar os efeitos colaterais, maximizar o efeito e minimizar as chances de ser pego. Um equilíbrio feito com habilidade conquistará a admiração de seguidores que verão o executivo de TI como tendo empatia, comedido em suas ações e misericordioso com aqueles que ele não ataca.

Lembre-se:

- Use o poder para gerar impacto e a manipulação como sistema de mira.
- Aplique bombardeios de precisão para impedir que pequenos problemas se transformem em grandes problemas.
- Sufoque uma rebelião logo de início, mirando o meio da multidão.
- Evite a prática de bombardeio para evitar futuro descontentamento.
- Esteja preparado para o fato de suas pegadas o incriminarem.

Os executivos de TI-Lobo acumulam poder. Eles dominam a arte da manipulação. Quando poder e manipulação são usados juntos, eles são exponencialmente mais efetivos. Conforme observado, ao combinar uma grande dose de manipulação como sistema de mira com uma dose menor de poder, os executivos de TI podem concentrar o efeito e fazer um bombardeio de precisão para impedir que pequenos problemas se transformem em grandes problemas. Mas nem sempre. Algumas vezes, não há nada que possamos fazer para impedir que pequenos problemas se transformem em grandes problemas e que os grandes se transformem em uma guerra generalizada.

Algumas vezes, a guerra bate à nossa porta sem termos tido a oportunidade de evitá-la. Neste caso, não temos opção a não ser lidar com o fato da melhor maneira possível. Outras vezes, partimos para o campo de batalha, pois sabemos que alguém tem de ir para a luta e um executivo de TI-Lobo saudável se sentirá obrigado a fazê-lo. Em ambos os casos, poder e manipulação ainda são as principais ferramentas. Mas em uma guerra generalizada, em vez de concentrar o efeito através de um bombardeio de precisão, um executivo de TI-Lobo deve aprender a potencializar o impacto do poder e da manipulação em um grande número de alvos simultâneos e assumir o controle de um grande território. Somente assim o executivo de TI-Lobo terá atingido força e potencial em sua plenitude.

Partamos para a guerra!

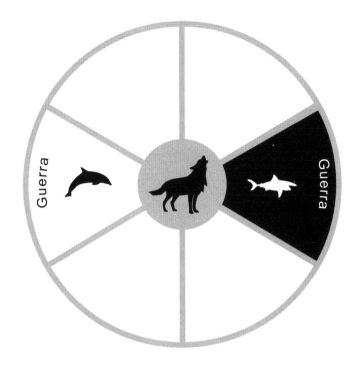

# Parte 3: Guerra

*Ninguém jamais se deve render ao mal a fim de evitar uma guerra.*

*Pois uma guerra jamais pode ser evitada mas apenas postergada, em prejuízo de si próprio.*

Maquiavel, *O Príncipe*

# 15 Torne-se Perito em Guerras de Expansão Multilaterais para Desenvolver a Empresa e a Área de TI

*Há duas razões para se fazer guerra através de alianças: para subjugá-las e por receio de ser por elas subjugado.*

Maquiavel, *Discursos sobre a Primeira Década de Tito Lívio*

## Intensifique e amplifique multilateralmente a manipulação e o poder

A diferença entre poder, manipulação e guerra é a escala. A guerra exige um líder capaz de manipular, aumentar seu poder exponencialmente e administrar vários níveis de guerra ao mesmo tempo. Não há nada de bom em uma guerra e, felizmente, apenas alguns executivos de TI das Forças Armadas participam diretamente de guerras letais nos campos de batalha reais, protegendo o restante de nós. Mas é essencial que os executivos de TI tirem lições disso e dominem os princípios maquiavélicos de empreender campanhas multilaterais de modo a serem bem-sucedidos no complexo mundo de hoje da TI.

Como observa Maquiavel, deflagramos uma guerra contra alguém por este possuir algo que queremos ou porque sentimos medo dele e decidimos que a melhor linha de ação é um ataque preventivo. Atacamos concorrentes externos para gerar oportunidades de crescimento para a empresa. E na qualidade de executivos de TI, algumas vezes estamos sendo atacados por concorrentes pela mesma razão. Embora ser atacado seja, certas vezes, um sinal de fraqueza, Maquiavel observa que ser atacado também pode ser um indicador de que você tem o controle da situação.

Guerra, por definição, é um esporte coletivo. Os executivos de TI não conseguem deflagrar uma guerra sozinhos. O sucesso depende de ter uma forte equipe de líderes de TI que trabalhe como uma unidade, um grande número de soldados leais e fortes aliados dispostos a fazer parceria com a área de TI, a se comportar de maneira estratégica e ajudar a empresa a crescer. Atingir este nível de complexidade requer que o executivo de TI empregue múltiplas táticas em grande escala, monitore um campo de batalha, reconheça oportunidades quando elas forem destinadas a ele e esteja disposto a provocar uma destruição em massa quando necessário. Como observa Maquiavel, as guerras não são para os fracos, e os executivos de TI que evitam se envolver nelas, o fazem por sua própria conta e risco. Esperar até que as tropas inimigas estejam batendo à sua porta, já será tarde demais.

## Os métodos de guerra unilaterais são úteis, mas instáveis

Um método de guerra unilateral é o golpe, ou difamação. Em um dos nossos exemplos anteriores, Chris, executivo de TI de uma empresa, demitiu Tim por este ter falado mal dele para a diretoria e tentar usurpar o seu cargo. Caso Tim tivesse sucesso, ele teria conseguido arruinar a reputação de Chris, dar um golpe e assumir a direção da área de TI.

Com pouco sangue derramado, a difamação muda a liderança rapidamente e, portanto, poderia parecer uma tática interessante. Mas nas guerras não existe uma coisa dessa chamada solução rápida. Os outros podem ter poucos motivos para serem leais a Tim depois de suas ações unilaterais e toda a razão para temê-lo. Após observar a tática de difamação, nossos colegas normalmente a dominam e fazem uso dela contra seu novo soberano.

Os usurpadores tendem a ser bem-sucedidos em empresas sombrias, que desenvolveram um gosto pelo sangue. Infelizmente, eles raramente param diante de demissões e muitas vezes terão vários executivos de TI em um curto espaço de tempo como consequência disso. Portanto, embora métodos unilaterais de guerra possam parecer atraentes, geralmente o período de paz é curto e, pelo contrário, acaba de forma abrupta e definitiva. Portanto, ao declarar guerra, os executivos de TI sempre devem estar atentos à qualidade da paz. Abordagens multilaterais como fazer alianças, fomentar seguidores, estar preparado para longas batalhas e manipulação em larga escala tomam bastante tempo, além de serem perigosas e imprevisíveis. Mas a partir do momento em que se vence a guerra, é mais provável que a paz seja estável e duradoura, pois grande parte da população terá investido nela e em seu sucesso.

## Ecossistema de Animais Radicais: Animais de Guerra Binários

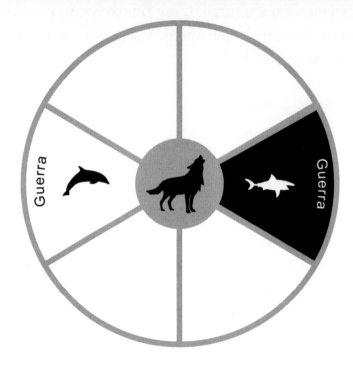

Existem abordagens brandas na guerra e, então, existe o Lobo cinzento que incorpora as qualidades do general maquiavélico. Executivos de TI-Lobo aplicam uma mescla de táticas brandas e sombrias mesmo na guerra. Eles se deslocam para o lado luz para inspirar lealdade e fazer com que outros queiram segui-lo e também para o lado sombra para incutir disciplina entre as tropas e medo no inimigo. Eles são os líderes que tornam os outros suficientemente corajosos para segui-los rumo ao desconhecido, mas que não têm coragem suficiente para atravessá-lo. Nesta terceira e última disciplina que é a guerra, a jornada para se tornar um Lobo cinzento começa com o aprendizado de mover-se para os extremos da luz e da sombra, melhor exemplificados pelo Golfinho e pelo Tubarão.

## Os Golfinhos são muito sociáveis e podem consumir grandes volumes de informação

Executivos de TI com características de Golfinho conseguem arrebanhar seguidores fazendo com que as pessoas queiram ir com eles pelo fato de eles tornarem a experiência agradável. Os Golfinhos são os seres mais extrovertidos do reino animal. Eles realmente gostam de liderar pessoas e preferem a paz à guerra. Esses líderes consomem informações da mesma forma como os golfinhos consomem cardumes de peixes. Eles reúnem informações sobre seus seguidores, seus inimigos e seu ambiente, analisando-as e usando-as para evitar a guerra, mas também para se dar bem nela quando não existir outra escolha. Os outros os seguem porque sabem que para onde eles forem, a jornada será agradável e mesmo quando as coisas se tornarem difíceis, um executivo de TI-Golfinho genuinamente se preocupará com eles. Os parceiros os procuram, pois os querem em suas equipes e procuram fazer parte das equipes deles.

Eles apresentam as seguintes características:

- São extrovertidos e têm ótimas habilidades com as pessoas; eles preferem a paz, mas acumulam e usam informações como uma arma.
- Criam um ambiente de equipe positivo para atrair seguidores e parceiros.

- Demonstram preocupação e empatia genuínas pelos funcionários da área de TI e colegas de outras áreas.
- Tornam o trabalho divertido e agradável, mas podem se perder na miríade de relações e informações que reúnem, deixando de dar prioridade às mais importantes.
- Talvez não sejam levados a sério pelos outros, especialmente pelas forças inimigas.

Executivos de TI com comportamento extremo de Golfinho se dão bem em ambientes altamente colaborativos e culturas pacíficas, em que as metas e os valores da empresa estão claramente a favor dos funcionários, e não em empresas em que a lucratividade dos acionistas vem em primeiro lugar. Eles empregam bastante tempo para socializar a mudança e reunir uma quantidade enorme de informações das partes interessadas. Quando o ritmo das mudanças aumenta, em geral suas táticas analíticas e sociais não conseguem acompanhar este ritmo. Se o ambiente do setor em que suas empresas atuam se tornar hostil, estes executivos de TI poderão ser vistos como "bonzinhos" demais para conduzir a empresa em uma batalha com um concorrente mais agressivo.

## Os Tubarões matam com extrema intolerância, deixando poucos sobreviventes

Executivos de TI com características de Tubarão são agressivos ao extremo. Os outros os seguem pois sabem que em uma batalha estes executivos de TI irão vencer e temem estar no lado perdedor. Eles acumulam um grande arsenal de armas poderosas e criam a fama de medonhos, eliminando cada concorrente que cruzar o seu caminho. Eles fazem alianças, mas devido à sua natureza amedrontadora, normalmente suas alianças são feitas apenas com outros Tubarões. Isso os faz extremamente poderosos, mas se os parceiros Tubarão perceberem fraqueza ou sangue na água, a parceria irá se degenerar em total aniquilação. Se um Tubarão for difamado, o golpe também irá resultar em um banho de sangue, pois os ex-seguidores temerosos provavelmente irão sair em disparada com o fim da ameaça do Tubarão.

Os Tubarões apresentam as seguintes características:

- Excelente habilidade para a luta; eles acumulam poder de fogo e fortes alianças em grande escala.
- Vão em busca de resultados de forma agressiva, em geral através de incentivos negativos.
- Os outros seguem e fazem parceria com eles por motivos de proteção bem como por medo de represálias e por acreditarem que a equipe do Tubarão será a vencedora.
- Atingirão resultados praticamente a qualquer custo para si ou para os outros.
- Podem ser vistos como sanguinários, aniquiladores, não colaboradores ou autocentrados.

Os executivos de TI-Tubarão se dão bem em ambientes sombrios altamente competitivos, onde seus colegas também são Tubarões, determinados a obter resultados. Em empresas em que o acionista vem em primeiro lugar ou o mercado é altamente competitivo, estes executivos de TI podem vencer e proteger suas equipes. Entretanto, eles são vulneráveis a todos os demais Tubarões, pois qualquer erro pode levar os demais a perceberem sangue na água e acionar um frenesi em busca de alimento.

Em geral os executivos de TI-Tubarão também são os líderes a ser seguidos para empresas brandas durante uma crise ou situação de reviravolta em que mudanças drásticas e impopulares, como demissões, precisam ocorrer rapidamente de modo que a empresa possa sobreviver. Consequentemente, no longo prazo os Tubarões Radicais raramente se encontram em um único lugar. Em situações de reviravolta, o nível de efeitos colaterais que eles criam geralmente é tão grande que os Tubarões não conseguem permanecer e liderar no ambiente reestruturado brando.

## Na guerra, os Lobos são tanto Golfinhos quanto Tubarões

Para vencer uma guerra, o executivo de TI tem de dominar uma mescla de capacidades de análise de informações e habilidades sociais do Golfinho com a capacidade de combate dos Tubarões. Ao trafegar periodicamente pelos extremos e demonstrar entendimento tanto das pessoas quanto de seu ambiente e a capacidade de eliminar ameaças com extrema intolerância, eles ampliam e protegem seus territórios enquanto constroem uma paz duradoura.

Eles são muito disciplinados e capazes de criar campanhas bem organizadas que exigem planejamento no longo prazo e táticas multilaterais. Eles também são altamente adaptáveis e capazes de analisar grandes volumes de informação, localizando os dados mais importantes e ajustando suas táticas dinamicamente para adequar-se à situação. Quanto mais habilidades de Golfinho e Tubarão um Lobo desenvolver, mais bem-sucedidas serão suas campanhas e menos provavelmente ele será atacado no futuro. As habilidades do

Lobo o capacitam a expandir seu território e protegê-lo no longo prazo.

## Kit de Sobrevivência do Lobo

As guerras são confusas e complexas. Preferiríamos não nos envolver em uma, porém, temos pouca escolha a não ser nos envolver com a missão de sermos bem-sucedidos. As alternativas são muito piores. Para vencer uma guerra, os executivos de TI têm de ser capazes de processar enormes quantidades de informação, analisar múltiplas variáveis em andamento ao mesmo tempo para então modificar suas táticas de poder e manipulação conforme necessário. Felizmente, os executivos de TI tendem a ser excepcionalmente bons no tratamento de enormes quantidades de dados de complexidade significativa. Ao aplicar essas habilidades na guerra, praticamente garantem a vitória.

Lembre-se:

- Intensifique e amplifique multilateralmente a manipulação e o poder para vencer a guerra.
- Os métodos de guerra unilaterais são úteis, mas instáveis.
- Os Executivos-Golfinhos são muito sociáveis e podem consumir grandes volumes de informação.

- Os Tubarões matam com extrema intolerância, deixando poucos sobreviventes.
- Na guerra, os Lobos não são nem Golfinhos nem Tubarões, mas sim ambos ao mesmo tempo.

# 16. Envolva os Tenentes para Aumentar o seu Poder e Manipulação

*O primeiro juízo que se faz de um príncipe,*
*e de sua perspicácia, faz-se observando por*
*quais homens ele se deixa cercar.*

Maquiavel, *Discursos sobre a Primeira Década de Tito Lívio*

## Use sua equipe de TI para obter capilaridade ou a reduza

Não importa o grau de habilidade em termos de poder ou de manipulação que um executivo de TI acumule, o seu alcance e a sua amplitude são sempre limitados caso ele se comporte como uma entidade independente e não seja capaz de executar em larga escala. Como estamos tratando de guerra, executar é quase levado ao pé da letra. Em uma guerra, é preciso ser capaz de despachar vários inimigos ou inimigos em potencial de uma só vez. O primeiro passo nas guerras multilaterais e na geração de escala é formar uma equipe de TI de alto desempenho e garantir que ela marche em fileira cerrada no sentido da estratégia. Muitos executivos de

**168** Executivo em Pele de Lobo

TI acreditam ter boas relações e se dar bem com o presidente, com o diretor financeiro e outros líderes da empresa. Eles se sentem à vontade quando colaboram e quando dizem "não" periodicamente para seus pares e executivos de sua relação. Infelizmente, quando seus subordinados diretos se envolvem com TI e colegas da área comercial, a situação pode ser bem diferente e pode, na verdade, até minar o executivo de TI, sua estratégia e sua capacidade de executar em larga escala.

Conforme descrito por um executivo de TI, *Não importa o número de vezes que eu diga à minha equipe que eles podem dizer "não" para os seus colegas, eles são do tipo que gosta de agradar as pessoas ou que não querem se envolver em conflitos; portanto, simplesmente se recusam a fazer isso. Eles não fazem por mal, mas farão de tudo para dizer "sim" a eles ou a mim. Então eles guardarão segredo de coisas em que não deveriam estar trabalhando, porque são tão ansiosos em agradar os colegas e temerosos de que eu direi a eles para não darem prosseguimento a pedidos de colegas que não sejam estratégicos.* O outro extremo também acontece e pode minar o mais maquiavélico dos executivos de TI: *Não importa o que eu faça, não consigo fazer com que minha equipe diga 'sim' para seus colegas. A equipe quer fazer a coisa certa, mas se os colegas deles não fizerem a coisa certa da maneira certa, então a resposta é 'não' sem qualquer discussão ou negociação. Algumas vezes eles fazem isto por se sentirem sobrecarregados, mas eu me sinto sabotado.*

Como observa Maquiavel, um líder é julgado olhando-se para aqueles por ele escolhidos. Se uma equipe de líderes de TI, de forma acidental ou intencional, prejudicar o executivo de TI ou estiver ocupada em lutas internas visando eliminar uns aos outros em vez da estratégia, então o executivo de TI estará enfraquecido, e não será capaz de executar sua tática em larga escala para se dar bem tanto em guerras ofensivas quanto defensivas. Portanto, os executivos de TI devem escolher os melhores tenentes e gerenciá--los de modo coeso.

Caso contrário, o executivo de TI terá de redimensionar seu método ou então diminuir sua equipe. Apenas depois disso um executivo de TI será capaz de aumentar gradativamente suas táticas de poder e manipulação para ser bem-sucedido.

## Os Golfinhos devem evitar criar equipes muito grandes, para poder controlá-las

Os executivos de TI-Golfinhos, que adoram gerir pessoas, muitas vezes cometem o erro de ter o maior número possível de subordinados. Esses executivos de TI podem ter equipes de dez ou mais pessoas, gastar muito tempo em reuniões *skip-level*[2] e ter uma política "portas abertas" com todo mundo. Kevin era um exemplo deste tipo de executivo de TI no setor industrial. Ele havia adotado essa metodologia não apenas por gostar de pessoas, mas também porque acreditava que todo o departamento de TI precisava de uma transformação para resolver uma ampla gama de problemas técnicos e de pessoal.

---

[2] *Skip-level* é uma reunião entre gerentes e membros de equipes que se encontram hierarquicamente a um ou mais níveis abaixo. O propósito deste tipo de reunião é os gerentes conhecerem os membros das diversas equipes e compreender os seus problemas. As reuniões *skip-level* jamais podem substituir a comunicação direta dentro das equipes, mas pode ser um poderoso complemento a ela. Fonte: http://www.wilymanager.com/skip-level-meeting. (N.T.)

Infelizmente, após dez meses no cargo, ele começou a enfrentar problemas de moral baixo e de credibilidade com seus colegas. A equipe fofocava e se desdobrou em subgrupos que lembravam aquelas "panelinhas" dos tempos de escola. Quando o desempenho de um dos membros da equipe era fraco, eles alternadamente se defendiam entre si ou jogavam a culpa em outro em vez de solucionar o problema em questão. Kevin gostava de motivar sua equipe positivamente em vez de estabelecer limites o que, infelizmente, não funcionou com sua equipe agora sombria. Quando ele identificava um membro com excelente desempenho, os demais expressavam ressentimento. A dissensão da equipe se aprofundou a ponto de pouco ser concretizado e os colegas de outras áreas procurarem fornecedores externos para terem trabalho estratégico realizado.

Quando uma equipe é muito grande a ponto de não ter a devida atenção e uma clara direção indicada pelo chefe, seus membros irão se relacionar entre si de forma negativa e o espírito de equipe irá se degradar. A situação de Kevin era composta por sua política "portas abertas" no estilo dos Golfinhos, significando que ele se encontrava continuamente em reuniões com seu pessoal e colegas de outras áreas, marcando e remarcando reuniões para tentar solucionar um número crescente de problemas e reclamações de seus colegas, que poderiam ter sido resolvidos caso ele desse a devida atenção em corrigir a equipe.

## Os Tubarões devem evitar incutir medo e paralisar os seguidores

Simon é um executivo de TI-Tubarão atuando na indústria naval e que está tendo dificuldades em compreender por que não é capaz de acelerar o ritmo de mudança de TI em sua organização. Ele criou uma estratégia digital trabalhando em conjunto com outros altos executivos, conseguiu recursos orçamentários, criou credibilidade pessoal e estabeleceu um programa de grande impacto para gerar vantagem competitiva. Infelizmente, ele não conseguiu que os líderes de sua equipe e departamento progredissem.

Ele tinha um adjunto, chamado Daniel, ao qual todos os principais gerentes de TI estavam subordinados, de modo que Simon era capaz de focar em problemas estratégicos em larga escala. Daniel supervisionava o trabalho, realizava todas as revisões de desempenho e tratava de todas as questões de pessoal. Simon ficava frustrado, pois ao lidar diretamente com os gerentes de TI, eles olhavam para Daniel antes de concordar em cooperar com Simon. Se Daniel não estivesse na sala, Simon suspeitava que a equipe teria falado com este primeiro antes de concordar com aquilo que ele próprio havia solicitado. Quanto mais resistentes fossem os gerentes em relação às suas orientações, o mais agressivo ele se tornava, disparando e-mails raivosos, fazendo ameaças e insistindo que estes deveriam se dirigir diretamente a ele. Embora esse tipo de tática agressiva funcionasse no início para que a equipe se movimentasse rapidamente e atendesse mais prontamente, quanto mais Simon usava este tipo de tática, pior eram os resultados.

Durante seus frequentes "ataques", a equipe inteira iria ficar paralisada como uma presa diante de um predador; em seguida, eles evitavam a todo custo novos encontros. Em vez de atrair a equipe, Simon multiplicou o fator medo até chegar a um nível inaceitável, fazendo com que não quisessem se envolver com ele e, subsequentemente, com a estratégia digital. Simon, o Tubarão, se tornou para eles insignificante, hostil e desconectado, e a estratégia digital chegou a um estado de paralisia total. Embora agressões desse tipo sejam úteis de vez em quando para fazer com a equipe se movimente rapidamente, quando muito usada ela somente amplia a paralisia, já que a equipe inteira se torna muito assustada para prosseguir.

## Os Lobos exigem comportamento de alcateia de seus membros

Os executivos de TI-Lobos criam alcateias fortes e de grande co-ordenação, em seguida envolvem seus membros estrategicamente em suas manobras de poder e manipulação com grande efeito.

Eles conseguem um nível de disciplina da equipe raramente visto fora da alcateia. Bruce, executivo de TI-Lobo de uma cadeia de restaurantes, era seletivo com os seus subordinados, recompensando-os bem, porém tratando de forma agressiva aqueles que se afastavam do grupo. Na TI, sistemas de gestão de desempenho tradicionais recompensam a realização individual. Os processos de TI segmentam o trabalho em tarefas individuais e desestimulam um comportamento de equipe que o dinâmico ambiente de TI de hoje exige.

O processo de entrevistas e métricas desenvolvido por Bruce para a equipe levava em conta tanto métricas individuais quanto em equipe. Assim explica Bruce: "Cada gerente de TI deve dar claras evidências de sua habilidade de liderar com sucesso suas próprias equipes e atuar como membros tanto da equipe de TI quanto das equipes das áreas comerciais. Para tanto, o sistema de recompensa de cada indivíduo se baseava muito no sucesso da equipe. Não é possível para um gerente de TI conseguir uma avaliação alta caso ele não trabalhe bem com os outros".

Ao fazer da colaboração um requisito para a sua equipe, Bruce neutralizou o potencial de lutas internas e comportamentos individualistas, como jogar a culpa no outro. Se o membro de uma equipe apresentasse, individualmente, um ótimo desempenho, mas não colaborasse bem com seus colegas de outros departamentos, Bruce fazia uma avaliação. Observa ele: "Se o parceiro de negócios estiver tentando colaborar e o meu subordinado não, independentemente de seu desempenho individual ter sido bom, eu o demito ou então o rebaixo para uma função mais tática. Se o parceiro colaborar pouco, então faço um trabalho com o gerente dele para corrigir a situação e protejo o membro da minha equipe". Essa tática de executivo de TI-Lobo cinzento é mais bem descrita como "*colabore ou então...*". Ela combina o desejo de trabalho em equipe no estilo dos Golfinhos com sofrer as consequências (no estilo Tubarão) para aqueles do grupo por não atenderem o solicitado.

## Os Lobos aumentam o seu poder através da clareza e da disciplina

Para que um executivo de TI-Lobo possa liderar em uma situação de guerra, os membros da alcateia têm de trabalhar juntos como uma unidade. Para garantir que isso aconteça, estes executivos de TI travam conversas no estilo dos Golfinhos mescladas à agressão no estilo Tubarão. Como Ralph, um executivo de TI-Lobo de uma organização militar explica: "Deixei claro qual era a estratégia, mas também ensinei a equipe a pensar de forma consistente fazendo a eles perguntas simples. Antes de tomar qualquer decisão, eles tinham de fazer a si mesmos perguntas simples, como 'Este rumo é consistente ou não com a estratégia? Quais são os

**174** Executivo em Pele de Lobo

riscos de fazer isto? Quais são os riscos de não o fazer? Quais são as consequências e quem é afetado? Esta é, provavelmente, uma decisão política e, em caso positivo, como iremos tratar disto?'".

Ralph mantinha a disciplina garantindo que, cada vez que alguém de sua equipe o abordasse em busca de conselhos em relação a uma dada decisão, ele fazia a ele aquelas mesmas perguntas básicas. Logo, cada membro da equipe havia memorizado estas perguntas e aprendido a pensar e a tomar decisões daquela maneira. Conforme Ralph explica: "Eu sabia que haviam entendido quando eles simplesmente se dirigiam à minha sala, se sentavam, recitavam rapidamente as respostas àquelas perguntas sem me dizer nada e, então, davam uma sugestão".

Ralph também explicava ao seu pessoal que se eles tomassem uma decisão usando este método, ele estaria do lado deles mesmo se tomassem uma má decisão com base no método consistente. Porém, se eles não usassem o método, então ele os penalizaria severamente por uma decisão errada.

Através deste estilo Lobo, Ralph combinava extrema clareza com extrema disciplina para criar uma estrutura de delegação para a equipe, isso o deixava seguro de que a equipe sempre tinha "pontos cardeais" para conduzi-la na direção correta. O método transmitia confiança aos membros do grupo de que eles seriam bem-sucedidos ou então protegidos se por acaso falhassem. Através dessa tática, um executivo de TI-Lobo é capaz de aumentar o seu poder por meio do entendimento por parte do grupo de qual é a estratégia e como executá-la. Isso possibilita que os executivos de TI influenciem a equipe para executar de forma consistente e concretizar a estratégia com o mínimo de desperdício de energia ou recursos e com maior rapidez.

## Os Lobos aumentam a manipulação através de coordenação e delegação

Nas mãos de um hábil executivo de TI maquiavélico, até mesmo a manipulação pode ser ampliada para alcançar toda a empresa. O nível de guerra é de risco excepcionalmente alto, mesmo para um Lobo. Quanto maior for o número de membros que o executivo de TI conseguir envolver em suas estratégias de manipulação, maior a possibilidade de eles serem pegos e de a estratégia cair por terra. Portanto, é essencial que a alcateia seja madura e bem formada antes de se tentar a próxima estratégia. Um bom teste da saúde do grupo é envolvê-los na atividade de aumento de poder através da tática de delegação descrita acima. Se os membros da equipe demonstrarem ser capazes de trabalhar em fileira cerrada de maneira consistente, então é mais provável serem candidatos a aumentar a manipulação através da tática de delegação em massa.

Silvia, executiva de TI de uma empresa de logística, descreveu a tática da seguinte maneira: "A portas fechadas eu reúno a equipe e nós planejamos como melhor manobrar a miríade de partes interessadas que temos de influenciar para que a mudança em larga escala possa ser realizada. Criamos um mapa de poder muito detalhado incluindo suas prioridades, relações, preferências e aversões – até mesmo seus *hobbies* e comidas prediletas. Este arquivo de poder é então criptografado e mantido apenas em meu *laptop* pessoal, que ninguém pode ter acesso a não ser eu mesma".

Ela explica em seguida: "Analisamos continuamente o seu estilo de comunicação e com quem eles se relacionam, tanto dentro quanto fora da equipe, para determinar a melhor pessoa, canal e informações para influenciá-los. Caso eles precisem se reunir com Paul em um projeto, mas estes, por exemplo, não gostem de Paul, mas gostem da Mary, deixamos que Mary marque a reunião e Paul simplesmente aparece junto com ela. Se eles gostarem de futebol, as informações que fornecemos a eles incluem analogias com este jogo.

Caso gostem de frutos do mar, eu os levo para jantar em um restaurante com essa especialidade. Aprendi a fazer isso quando trabalhei em uma empresa de varejo. É assim que analisávamos, ao mesmo tempo, as relações entre clientes de perfis diferentes para determinar como vender mais e, fazia sentido aplicar isso internamente".

Conforme observado, a delegação em massa é muito perigosa devido ao nível de confiança e segurança necessários entre os membros da equipe. Os membros da equipe têm de manter segredo e disciplina e se sentirem confiantes de que ainda estão se comportando eticamente de modo que a estratégia funcione. Contudo, quando a alcateia é bem-sucedida, a empresa verá a área de TI não apenas como forte e capaz de executar, mas também dona de um excepcional tino comercial, habilidades interpessoais e empatia pelos seus pares.

## Kit de Sobrevivência do Lobo

A alcateia de Lobos é uma poderosa ferramenta quando bem utilizada. Este poder é amplificado quando eles também se envolvem na manipulação em massa. Reunir uma alcateia disciplinada capaz de ficar em forma e manter segredo em um ambiente de guerra não é fácil.

Lembre-se:

- Use sua equipe de TI para obter escala ou a reduza.
- Os Golfinhos devem evitar equipes demasiadamente grandes para poder controlá-las.
- Os Tubarões devem evitar incutir medo e paralisar os seguidores.
- Os Lobos exigem comportamento de alcateia de seus membros.
- Os Lobos aumentam o seu poder através da clareza e da disciplina.
- Os Lobos aumentam a manipulação através de coordenação e delegação.

# 17. Faça Alianças Fortes para Expansão, mas Escolha os Métodos Apropriados

*Qualquer um que tenha estudado a História da Antiguidade terá aprendido que as repúblicas tinham três métodos de promover sua expansão.*

*Um deles era formar uma confederação de várias repúblicas, sendo que nenhuma delas teria qualquer prevalência sobre as demais em termos de posição ou autoridade;*

*O segundo método era associar-se a outros estados porém reservando para si o direito de soberania, o trono e a glória de suas empresas.*

*O terceiro método era subjugar imediatamente os povos conquistados, em vez de dar a eles uma condição de aliado.*

*Destes três métodos o último é totalmente inútil.*

Maquiavel, *Discursos sobre a Primeira Década de Tito Lívio*

## Há três maneiras de fazer alianças: quanto menor o custo para formá-las, maior o risco envolvido

A parceria com o restante da empresa é o principal objetivo de praticamente todo executivo de TI. Os executivos de TI entendem instintivamente que estabelecer várias relações entre o departamento de TI e os demais departamentos é crítico para o sucesso. Já discutimos vários elementos da jornada, porém o componente mais importante é a complexa questão de como exatamente formar uma parceria para constituir uma poderosa aliança ou coalizão. Maquiavel, após estudar a história das sociedades antigas, discerniu três métodos que conduzem a resultados muito diferentes. Estudando cada um destes métodos e sabendo quando aplicá-los, os executivos de TI podem ser bem-sucedidos na amplificação de suas esferas de influência e vencer a guerra das parcerias. Existe uma relação inversa entre o esforço investido por um executivo de TI na criação e na sustentação de uma aliança e a durabilidade desta.

Os três métodos descritos por Maquiavel são: primeiramente, estabeleça uma parceria de iguais em que todo mundo é tratado da mesma maneira, a opinião de todos tem o mesmo peso e, geralmente, as decisões são tomadas segundo um consenso. Em segundo lugar, crie uma federação, em que há uma forte autoridade central que governa vários estados com alguma autoridade própria. As decisões são tomadas de maneira mista – a autoridade central toma algumas decisões, os estados outras e juntos eles tomam as decisões restantes. O terceiro método é conseguir um mandato e dominar à força toda a empresa. Os estados e suas respectivas populações serão subjugados e a autoridade central tomará todas as decisões.

## Os Golfinhos estabelecem alianças entre iguais que se desintegram no lado sombra

As alianças entre iguais toma um tempo enorme para serem mantidas, mas podem valer a pena em uma empresa branda em que a colaboração e a transparência são muito apreciadas pela comunidade. Infelizmente, em empresas sombrias tais alianças tendem a se fragmentar, desintegrando-se rapidamente. Consideremos Serena, uma executiva de TI-Golfinho de um estado nos Estados Unidos. O governador pediu a ela para encontrar maneiras de trabalhar em colaboração com os condados para economizar dinheiro e encontrar novas formas de atender os cidadãos. Serena queria que os executivos de TI de todos os condados se sentissem bem em relação a iniciativas comuns e explica sua metodologia como segue: "Eu reuni os executivos de TI de modo que formassem um grupo de governança e dei duro para que eles se envolvessem no processo. Concordamos em negociar todas as iniciativas, a ordem de prioridade, os modelos de financiamento e a maneira pela qual cada um participaria".

No caso de Serena, cada detalhe da abordagem colaborativa estava sujeita a negociação. Os executivos de TI dos condados sempre encontravam problemas nos detalhes bem como na frágil aliança, sentindo-se no direito de discutir cada item e expressar seus pontos de vista. Depois de meses de negociação e renegociação, Serena suspeitava que seus colegas estivessem usando o fórum de governança simplesmente como uma tática de retardo para adiarem as verdadeiras mudanças. Não importava quanta informação adicional ela desse a eles ou o que ela oferecesse a eles, não havia nenhuma finalização à vista das negociações e chegar a um consenso parecia impossível. Sem querer Serena havia criado um fórum para guerras e manipulação em larga escala melhor conhecido como *consenso interminável*. Infelizmente, em vez de estar no controle da campanha de manipulação no estilo maquiavélico, ela se tornou, ao mesmo tempo, alvo e facilitadora. Seus colegas manipuladores usavam contra ela, de maneira sombria, o fórum por ela criado (com intenções brandas).

## Os Tubarões são a favor do jogo de poder "ou tudo ou nada"

David era um executivo de TI com perfil para a guerra que trabalhava para uma universidade. Quando ele foi contratado, o reitor lhe disse para ser inovador e tornar a universidade mais eficiente. David decidiu então que a melhor abordagem para obter resultados mais rápidos seria conseguir um mandato para ter centralizado e sob o seu controle todo o orçamento de TI, coisa que jamais havia acontecido em toda a história desta universidade branda. Antes de sua data de início, David pediu ao reitor da universidade para que fosse passado a ele o orçamento e controle após a sua chegada e o reitor concordou. O mandato era uma *estratégia de neutralização*, o equivalente maquiavélico ao método de expansão número três – dominar os estados à força, tornando-os submissos.

Quando o reitor tocou no assunto, os poderosos chefes de departamento o enjeitaram, e o reitor rapidamente descumpriu o acordado. Infelizmente, quando executivos de TI-Tubarão perdem esta batalha, eles também perdem a guerra em apenas uma rodada. A estratégia acaba neutralizando-os, já que eles ficam parecendo fracos e vulneráveis, vivenciando uma perda total de poder e *status*, da qual raramente se recuperam. Os colegas tendem a pensar: *Nós o derrotamos quando ele tentou nos neutralizar; portanto, ficará mais fácil derrotá-lo quando ele estiver usando armamento menos pesado. Fica claro que ele não é um jogador, portanto posso ignorá-lo a partir de agora.* Howard deixou a universidade logo após ter perdido a batalha e a guerra.

Executivos de TI que tentam fazer com que outros participem de forma colaborativa à força através deste método dependem da manipulação de um único jogador para que este conceda uma quantidade enorme de poder à situação e têm pouco poder próprio do qual poderão lançar mão ou em que poderão se apoiar. Trata-se de uma aposta "ou tudo ou nada" do pior tipo, pois o executivo de TI praticamente não tem controle sobre nada e fica à mercê do verdadeiro "agente" de poder. Quando a estratégia de neutralização funciona, o poder do executivo de TI aumenta exponencialmente, porém, aqueles que foram conquistados desta maneira se sentirão ressentidos e sempre irão se lembrar dos felizes dias em que eram independentes. Consequentemente, eles jamais se mostrarão entusiasmados ou serão fiéis ao executivo de TI-Tubarão e o que se pode esperar deles é uma resistência maciça e contínua enquanto o executivo de TI permanecer no poder.

Quando esta tática falha, o poder do Tubarão é sorvido inteiramente e nem mesmo a manipulação levada ao extremo poderá salvá-lo. Portanto, os executivos de TI devem tomar muito cuidado ao usar a neutralização para expandir seus territórios. Ela funciona melhor em culturas sombrias cheias de Tubarões, em que os parti-

**184** Executivo em Pele de Lobo

cipantes têm a expectativa não apenas de jogos de poder intensos como também tendem a respeitar apenas aqueles que efetivamente podem tirá-los do jogo. Em qualquer outro tipo de cultura, os executivos de TI devem testar a propensão tanto do CEO quanto do diretor financeiro em conceder poder a eles, partindo inicialmente de jogos de poder não tão intensos, para verificar se eles podem ou irão seguir em frente antes de apostar a sorte de todo o departamento de TI no arriscado estratagema de "ou tudo ou nada".

## Os Lobos usam estratégias multilaterais em federações

Poucos executivos de TI vivem em culturas colaborativas brandas ou culturas agressivas sombrias. A maioria deles convive em ambientes federados em que são mais bem atendidos se aplicarem estratégias múltiplas de executivo de TI-Lobo que combinam poder e manipulação com a formação de alianças duradouras. Os executivos de TI-Lobo são seletivos em relação àqueles que ele irá considerar para uma possível aliança e reconhecem que nem toda unidade de negócios é um bom candidato a esta aliança. Eles também entendem que cada membro da aliança não deve ter o mesmo papel ou exercer a mesma influência. Conforme já discutido, uma parceria envolve partes com poder e *status* mais ou menos iguais que investem de modo similar na relação e que dividem tanto os riscos quanto os ganhos. Isso é particularmente importante quando um executivo de TI quer obter um efeito em larga escala e envolve vários parceiros ao mesmo tempo na aliança. Os executivos de TI-Lobo tratam diferentemente aqueles com níveis de poder e *status* diferentes.

Consideremos Lauren, executiva de TI-Loba de uma indústria multinacional de semicondutores no estilo federado, envolvida em um projeto de ERP. A empresa tem uma mistura de unidades de negócios pequenas e grandes com contribuições radicalmente diferentes para as receitas e lucros da empresa e vários tipos de sistemas ERP que precisam de consolidação. Sistemas ERP exigem coalizões sólidas, altamente engajadas e de longo prazo para serem bem-sucedidos. Um grande número de partes interessadas de que trabalhar junto para decidir quando redesenhar processos de negócios e quando customizar a tecnologia, caso contrário a iniciativa fracassará. Lauren começou a campanha angariando apoio para a abordagem ERP consolidada, usando o que pode ser mais bem denominado como abordagem *"rolo-compressor" matemático*.

Conforme explica ela: "Conseguir que as pessoas concordem em perder controle é como matemática; a ordem importa. Eu abro um canal de diálogo ou estudo de viabilidade e, em seguida, escolho um colega para aplicá-lo e testá-lo. Geralmente, trata-se de alguém com um projeto de ERP pequeno que seria incorporado pelo processo de consolidação e eu tento obter a sua colaboração para levar a mudança adiante. Se for bem-sucedida em convencê--lo, então o meu teste foi bem-sucedido. Caso eu não consiga obter o seu apoio, então não perdi terreno significativo já que ele não é uma parte que tenha grande influência. Eu trabalho com esse tipo de usuário para ajustar meu canal de diálogo e continuo fazendo isso até conseguir que esta parte interessada de peso não tão grande aceite colaborar.

Uma vez conseguido o apoio deste tipo de interessado, então se inicia a matemática "rolo compressor" mais complexa. "Parto para os colegas peso-médio com maiores chances de serem resistentes e tento conseguir o apoio deles. Depois disso, preciso descobrir quais serão os pesos-pesados em mira. Alguns deles ocupam

**186** Executivo em Pele de Lobo

um alto cargo e somente irão apoiar a iniciativa caso sejam o primeiro desta categoria a apoia-la, pois eles querem ser vistos como os condutores da mudança. Se já existirem muitos pesos-médio na aliança, o primeiro dos pesos-pesados irá se eximir desta já que ela será vista como uma iniciativa de importância menor. Um pequeno número deles é aceitável. Finalmente, existem pesos-pesados que irão participar apenas quando uma massa crítica de outros pesos-pesados já tiver concordado. Desde que eu consiga administrar bem esta matemática, consigo criar um sistema de apoio sólido para a iniciativa ERP". Aplicando o "rolo-compressor" matemático, os executivos de TI podem aumentar suas manipulações e fortalecer a aliança até obter sua máxima força e eficácia. Erre na matemática e todo o processo de aliança será perdido.

## Os Lobos maximizam a minoria para conseguir uma aliança duradoura

Um erro comum, cometido por muitos executivos de TI em uma aliança, é usar abordagens extremas do tipo "ou tudo ou nada" tão logo estas alianças estejam formadas e, inadvertidamente, comprometer a parceria. Consideremos novamente o exemplo de um projeto de ERP.

Uma vez que Lauren tenha feito uma aliança sólida, seria tentador usar este sucesso para forçar um único sistema ERP ou criar um modelo de financiamento único para simplificar a abordagem. Infelizmente, alianças envolvendo muitas partes raramente são bem-sucedidas com abordagens rígidas como estas; portanto, elas devem ser adaptáveis e abertas a soluções que maximizem a minoria – isto é essencial para o sucesso de uma empresa federada. Os executivos de TI-Lobo tentam limitar a complexidade dos modelos federados sem chegar a extremos.

Uma vez formada a aliança, tratar a minoria como se fosse inferior em termos de *status* e poder irá envenenar o ambiente de parceria. Por exemplo, se as partes mais fracas forem prejudicadas desproporcionalmente pelo sistema de *chargeback*, devem ser feitos ajustes financeiros em vez de permitir que a maioria elabore uma abordagem única que a beneficie. Se uma dada versão do sistema ERP não for sustentável para todos, então ter duas versões é uma abordagem melhor do que permitir a desintegração da aliança retornando à situação de várias versões. Os executivos de TI-Lobo sabem que o sucesso em um modelo federado envolve ter uma complexidade apenas suficiente para atender tanto a maioria quanto a minoria, mas nenhuma complexidade a mais nem a menos.

## Os Lobos são oportunistas e tiram o máximo proveito de cada crise

Os Lobos reconhecem rapidamente quando surge uma oportunidade para o estabelecimento de alianças e conseguem fazer trabalharem juntas pessoas que normalmente não fariam isso. Discutimos anteriormente a estratégia muito arriscada da neutralização (estilo Tubarão) que rapidamente obtém um efeito em larga escala através do uso de força bruta, mas que muitas vezes acaba terminando em desastre. O executivo de TI-Lobo usa a *estratégia da otimização*, que começa com um desastre ou possível desastre, mas termina com uma aliança. Ele transforma rapidamente dias negros para a empresa em um ambiente brando colaborativo.

A estratégia da otimização tira proveito de uma das duas situações críticas oriundas da crise em que a empresa se encontra: as unidades de negócios são propensas a ceder controle rapidamente e a trabalharem juntas para salvar a própria pele. A primeira destas situações é aquela após a entrada de um novo concorrente no mercado e que muda o modelo de negócios de forma tão radical que a empresa não consegue continuar operando como fazia no passado e sobreviver. As novas tecnologias também levaram a este tipo de mudança; por exemplo, as mídias digitais que impactaram tão profundamente vários setores. A segunda situação é que depois de um desastre natural o caos impera dentro da empresa.

Certo executivo de TI nos confidenciou o impacto provocado em sua empresa por um furacão. "Antes da tempestade, atuávamos de uma forma bastante descentralizada. Tínhamos muitos clientes e a eficiência não era problema. Após a região em que nos encontrávamos ter sido devastada por uma tempestade, tivemos de nos tornar enxutos rapidamente para sobreviver e atrair os clientes de volta. Depois de a região ter sido recuperada e os negócios aumentarem, continuamos a operar da mesma maneira, pois havíamos conseguido isso juntos e vimos o quão bem havia funcionado". Este executivo de TI-Lobo mostrou a adaptabilidade necessária para otimizar em uma situação desastrosa e usar o trabalho em equipe espontâneo para fazer as mudanças serem duradouras e gerar alto valor para a empresa.

## Kit de Sobrevivência do Lobo

Parcerias e alianças sólidas são críticas para os executivos de TI obterem um efeito em larga escala e estes não devem estender esta relação a outros sem ponderar muito a respeito. Considere os fornecedores, os quais os executivos de TI normalmente denominam de parceiros. Embora um executivo de TI brando possa fazer parcerias com muitos fornecedores brandos, eles sempre devem levar em conta duas variáveis. Repetindo, fazer a matemática correta importa. Primeiramente, quando alguns representantes dos fornecedores se encontram sob pressão para cumprirem suas cotas, rapidamente eles podem ir para o lado sombra. Em segundo lugar, os fornecedores raramente têm o mesmo nível de poder e *status* que o da sua empresa. Se o fornecedor gerar receitas exponencialmente maiores do que as suas e este estiver no lado sombra, vocês não são parceiros. Neste caso, você pode ser um cliente, quem sabe um refém, e em casos extremos alguns executivos de TI se tornam membros da cultura do fornecedor, mas vocês não são parceiros. Sempre examine a realidade matemática da dinâmica do poder e não use, ou permita que outros usem, o termo parceiro sem antes ponderar muito a respeito.

Lembre-se:

- Há três maneiras de se fazer alianças: quanto menor o custo para formá-las, maior o risco envolvido.
- Os Golfinhos estabelecem alianças entre iguais que se desintegram no lado sombra.
- Os Tubarões são a favor do jogo de poder "ou tudo ou nada".
- Os Lobos usam estratégias multilaterais em ambientes federados.
- Os Lobos maximizam a minoria para conseguirem uma aliança duradoura.
- Os Lobos são oportunistas e tiram o máximo proveito de cada crise.

# 18. Combata em Várias Frentes para Evitar ser Encurralado pelo Inimigo

*Um general que posiciona o seu exército de tal forma a poder se recompor três vezes no curso de uma batalha, precisa que a fortuna lhe seja desfavorável três vezes antes de ser derrotado, bem como um inimigo suficientemente poderoso para sobrepujá-lo três vezes.*

*Mas se um exército conseguir resistir apenas a um embate, ele facilmente perderá a batalha, já que com o mínimo distúrbio até mesmo a coragem mais medíocre poderá conduzir à vitória.*

Maquiavel, *Discursos sobre a Primeira Década de Tito Lívio*

## Amplie sua capacidade, sempre lutando em várias frentes, mas não exagere

Ser bem-sucedido em uma guerra requer saber quando ir além de combater nas frentes nas quais nós fomos solicitados a fazê--lo e combater naquelas necessárias. Conforme explica Maquia-

**192** Executivo em Pele de Lobo

vel, os generais que combatem com uma única linha de batalha serão derrotados tão logo esta linha seja rompida pelo inimigo. Mas aqueles que pensam multilateralmente e têm pelo menos três linhas de batalha são suficientemente fortes para se recuperarem, reagruparem, avançarem e vencerem a guerra. Todos os executivos de TI têm de lutar em pelo menos três frentes diferentes: crescimento significativo, economias para obtenção de um resultado positivo e mitigação de riscos – que representam as vitórias mais desejadas pela maioria das empresas. Um executivo de TI que luta apenas em uma destas três frentes corre o risco de não deixar nada em que se apoiar caso falhe. E caso ele seja bem-sucedido na única linha de batalha, a vitória poderá ser muito apertada para ter condições de proteger o executivo de TI ou a empresa caso as outras duas falhem devido a um ataque de um concorrente ou simplesmente por falta de sorte.

Consideremos que um executivo de TI bem-sucedido apenas na geração de economias com cortes de custos possa ser visto como confiável, mas não estratégico. Um executivo de TI que apenas gere crescimento talvez seja visto como estratégico, mas não confiável. E aqueles bem-sucedidos na mitigação de riscos talvez sejam vistos como confiáveis, mas não como inovadores. Ao mesmo tempo, os executivos de TI precisam ser cautelosos para não combaterem em muitas frentes ao mesmo tempo. Ao combater em um número excessivo de batalhas e ser demasiadamente ambicioso, um executivo de TI nas linhas de frente será fraco em todas as áreas. Os executivos de TI-Lobo são fortes em pelo menos uma frente e comandam suas tropas para que sejam suficientemente boas nas outras duas frentes para a sua própria proteção bem como da equipe de TI e da empresa.

## Os Golfinhos se deixam encurralar e limitam suas oportunidades de crescimento

Ari é um executivo de TI-Golfinho em um órgão governamental do sudeste asiático que processa pagamento de benefícios para cidadãos desempregados. Foi solicitado a Ari que consolidasse a infraestrutura e as aplicações díspares, e o chefe de seu departamento lhe disse que esta era a sua "única" prioridade. Embora Ari tivesse grande experiência em sistemas inovadores e para atendimento a clientes, ele honrou o pedido do chefe de seu departamento para concentrar todo o seu tempo e energia no mais prioritário objetivo da empresa – consolidação e cortes de custos. Após dois anos de árduo trabalho e intensa colaboração com seus colegas, Ari finalizou a consolidação conforme solicitado e atingiu as metas de economia nos custos.

Logo depois ele foi demitido pelo seu chefe. Quando o perplexo Ari lhe perguntou o motivo, ele explicou que embora tivesse apreciado o trabalho feito por ele, a próxima fase de mudança da empresa seria dedicada à transformação e à inovação e ele achava que Ari não era a pessoa indicada para conduzir isso. Ao seguir o rumo indicado pelo seu chefe e lutar para cortar custos, dedicando-se exclusivamente a essas duas tarefas, Ari tornou-se cúmplice de ser tachado de "o executivo de TI do corte nos gastos" em vez de "o executivo de TI inovador". O erro de Ari foi lutar apenas na frente do corte de custos e não reservar parte de suas forças para linhas de batalha mais inovadoras para proteger a si mesmo, sua equipe e sua empresa.

## Os Tubarões são desconfiados e lutam nas frentes que seus colegas preferem evitar

Natalie é uma executiva de TI-Tubarão que entrou em uma indústria federada que jamais havia tido um executivo de TI global. Ela percebeu que havia uma série de oportunidades para unidades de negócios de diversas localidades para trabalharem juntas, porém, por razões culturais, elas estavam trabalhando separadamente. Consultando os diretores de cada unidade de negócios para ter suas opiniões sobre o que ela deveria concentrar seus esforços, todos a aconselharam focar em aplicações de *commodities* e na consolidação do sistema de compras. Embora existisse algum benefício proporcionado caso se investisse nestas duas grandes iniciativas, Natalie ficou preocupada, pois eles a estavam afastando da área de estratégia, que eles mesmos desejavam proteger e manter para si e, portanto, tentavam distraí-la e mantê-la ocupada.

Natalie se recusou a ser distraída e decidiu lançar mão de sua relação de subordinada do diretor financeiro, que estava ávido por assumir o controle sobre os gastos com TI e encontrar novas fontes de recursos. Ele concordou que ela deveria rever e aprovar qualquer compra relacionada com a área de TI em cada uma das regiões antes de os fundos serem alocados para encontrar oportunidades de otimizar os investimentos. Como forma de retaliação, os diretores das unidades de negócios silenciosamente se juntaram em um ato de manipulação coletiva e fizeram suas solicitações referentes a TI uma semana antes do prazo para fechamento do orçamento. Eles garantiram que a líder de TI não teria tempo suficiente para revisá-los e acreditavam que o diretor financeiro iria aprovar tudo em vez de retardar o processo de orçamento. Eles estavam errados. O diretor financeiro rejeitou todas as solicitações e reservou fundos para Natalie alocar apenas depois das solicitações terem sido revistas.

Natalie foi bem-sucedida em rechaçar duas manipulações coletivas que a teriam deixado encurralada conseguindo levar a cabo um jogo de poder em grande escala com o diretor financeiro. Ao fazer isso, ela teve sucesso em encontrar uma maneira de influenciar todas as frentes de TI dentro da empresa. Mas essa tática agressiva criou uma relação de superintendência entre a executiva de TI global e as unidades de negócios, com a qual Natalie tem de tomar o cuidado e moderar, mesclando-a com táticas brandas. Senão, em um caso extremo, repetir o jogo de poder em grande escala irá impedir a confiança ainda mais e disparará conflitos cada vez maiores entre o executivo de TI e os manipuladores nas unidades de negócios.

## Os executivos de TI-Lobo optam por travar batalhas que ninguém imaginaria

Os combatentes mais eficazes são, no fundo, inovadores que tomam medidas que ninguém esperaria, gerando valor jamais imaginado. Denise, executiva de TI de um grupo de administração de imóveis especializado em teatros e arenas, tem o perfil de um Lobo. Seu CEO e diretor financeiro viam a TI como um centro de custo e a encorajavam a focar no corte de custos e na geração de informes enxutos de auditoria, que o lado Golfinho de Denise concordou em fazer. Mas Denise decidiu não seguir o *script* e partiu para o lado Tubarão bem como assumiu as frentes de crescimento e inovação.

Denise explica sua abordagem: "Levei os líderes da minha equipe de TI a diversas instalações para realmente trabalharem os eventos dando apoio às equipes de vendas, *marketing* e eventos dos clientes. Muitos deles jamais haviam feito isso antes, indo aos locais apenas em horários fora do expediente para implementar TI. Eles começaram a entender os desafios enfrentados para se implementar sistemas de TI que não eram capazes de entender anteriormente e que teria sido difícil para outras pessoas articular para eles. Eles foram então capazes de identificar oportunidades inovadoras, em que a tecnologia poderia melhorar a experiência vivida pelo cliente bem como as vendas através de um melhor gerenciamento das informações e de inteligência empresarial".

Empresas que veem a TI como um centro de custo algumas vezes tentam manter o executivo de TI e seu departamento na retaguarda para combater nos bastidores. Poucos departamentos de TI são convidados a trabalhar diretamente com os clientes externos e, um número menor ainda, se propõe a isso. Trata-se de uma grande oportunidade perdida para o departamento de TI e para a empresa. Felizmente, existe uma solução. Os executivos de TI precisam, sempre que possível, "sair da toca" e combater no *front*. Seus colegas, embora inicialmente céticos, começarão a apreciar cada vez mais o fato de a área de TI investir tempo de forma proativa nos clientes, na inovação e no crescimento das receitas. Ao cruzarem estas fronteiras, os executivos de TI e suas respectivas equipes poderão aumentar o impacto por eles provocado através de um melhor entendimento de qual "arma tecnológica" fornecer aos seus colegas para um aumento das receitas. E ao fazer isso, eles poderão ganhar a guerra, deixando de ser meros "tiradores de pedido", passando a ser verdadeiros parceiros.

## Lobos cinzentos transferem a frente de investida para o "espaço vazio" e assumem a responsabilidade

Lobos aventureiros expandem suas linhas de batalha e territórios para bem além da área de TI tirando proveito de oportunidades que outros tenderiam a ignorar. O que você faz como executivo de TI ao encontrar um "espaço vazio" sobre o qual ninguém em sua empresa parece estar incumbido? A maior parte das empresas apresenta "interstícios" que ninguém administra seja por causa da rotatividade de mão de obra, seja por se tratar de uma área muito específica que está surgindo e a empresa não está ciente da oportunidade ou por não ter de lidar com ela ainda. Áreas como inovação, melhoria nos processos de negócios e no gerenciamento de informações muitas vezes caem nestes "espaços vazios". Ao perguntar a um grupo de executivos de TI o que eles fazem ao encontrarem um "espaço vazio", um executivo de TI brincalhão respondeu enfaticamente: "Colocamos um servidor nele!".

Consideremos Leonard, executivo de TI-Lobo de uma empresa de prestação de serviços em que ninguém estava encarregado da melhoria dos processos de negócios. Diferentemente de muitas empresas que têm um diretor de operações (COO) para esta finalidade, a empresa de Leonard não tinha nenhum. Como ele e sua equipe estavam envolvidos em várias iniciativas de TI em grande escala, a falta de uma liderança nesta área havia se tornado um desafio. Leonard decidiu ocupar este "espaço vazio". Assim explica ele: "Decidi assumir o encargo de otimizar os processos de negócios. Não pedi permissão a ninguém; simplesmente fiz isto e pronto. Muitos membros de minha equipe tinham experiência nesta área por militarem em TI há muitos anos. Portanto, comecei a dar atribuições mais estratégicas a meus subordinados e fazer com que eles passassem a mapear os processos de negócios, trabalhando com seus colegas das respectivas áreas. Em seguida, eles lideraram tanto os trabalhos para determinação do escopo para a nova função de TI relacionada com cada processo como ajudaram a estabelecer metas de melhoria no desempenho para suas novas áreas. Depois de um certo tempo e uma série de sucessos bem visíveis, incorporei estas novas funções na minha lista de atribuições e na deles também. Passamos assim a ocupar oficialmente aquele espaço".

Os executivos de TI-Lobo reconhecem a máxima militar de que a colina mais fácil de conquistar é aquela que não está ocupada pelo inimigo. Desde que seja uma colina de grande valor, vale a pena ir ao seu encalço. Os Lobos perdem pouco tempo se preocupando com quem *deveria* estar encarregado de algo ou como *supostamente devem ser* as coisas ou o que a *tradição* diz a respeito das funções. Eles buscam "espaços vazios" e transferem a frente de investida para lá para ampliar seus alcance e amplitude bem como garantir maior valor para a empresa.

## Kit de Sobrevivência do Lobo

As linhas de batalha críticas para os executivos de TI são crescimento significativo, economias para obtenção de um resultado positivo e mitigação de riscos. Os executivos de TI devem ser capazes de dominar ao menos uma delas e ampliar suas tropas para que dominem bem as outras duas também. Sobretudo, os executivos de TI-Lobo têm de estar dispostos a expandir além dos papéis tradicionais e de TI e ocupar "espaços vazios" onde em geral se encontram as oportunidades.

Lembre-se:

- Amplie sua capacidade, sempre lutando em várias frentes, mas não em um número exagerado delas.
- Os Golfinhos se deixam encurralar e limitam suas oportunidades para crescimento.
- Os Tubarões são desconfiados e lutam nas frentes que seus colegas preferem evitar.
- Os executivos de TI-Lobo quebram a tradição e optam por travar batalhas que ninguém imaginaria.
- Lobos cinzentos transferem a frente de investida para o "espaço vazio" e assumem a responsabilidade.

# 19. Crie Armas de Destruição em Massa pela Multiplicação de Forças

*Não há nada melhor para conduzi-lo à vitória do que aquilo que o inimigo acredita que você não irá tentar.*

Maquiavel, *A Arte da Guerra*

## Algumas vezes a alternativa é a falta de alternativas

As armas supremas são armas de destruição em massa (ADMs). Os executivos de TI algumas vezes têm de combinar manipulação maciça com poder maciço para alcançar um efeito multiplicador de forças e criar uma arma cataclísmica. O uso de tais armas no mundo da TI requer um executivo com apetite para correr riscos e um excepcional grau de controle. As táticas aqui descritas conseguem uma amplificação ainda maior do que as táticas apresentadas anteriormente, saindo dos limites da empresa, do conselho de administração ou do público, ou fora dos modos de pensar tradicionais em termos de liderança para amplificar ainda mais as habilidades maquiavélicas do executivo de TI. Conforme observa Maquiavel, em geral a melhor estratégia é aquela em que ninguém acredita que você irá adotar, pois esta é muito arrisca-da ou então tão destrutiva que é difícil imaginar que alguém iria realmente implementá-la. Contudo, certas vezes não existe outra alternativa.

Independentemente de o executivo de TI empregar uma ADM como etapa final em um padrão de escalada de táticas ou como uma primeira salva contra um inimigo muito mais forte, em primeiro lugar ele deve tomar cuidado para não incinerar aciden-talmente aquilo pelo qual estão lutando. Os executivos de TI-Gol-finho quase nunca empregariam uma arma dessas e os Tubarões talvez gostem um pouco delas, mas não muito. Consequentemen-te, apenas os Lobos deveriam apertar o botão vermelho, já que somente eles são adeptos ao emprego dessas táticas imensamente sombrias para lançar alguma luz.

## Um auditor com uma planilha é um multiplicador de forças

Daniel, executivo de TI de uma rede de empórios multinacio-nal, se viu diante da possibilidade de, sem querer, empregar uma ADM. Ele concordou em assumir o cargo de executivo de TI to-talmente ciente de que o escopo de sua função daria controle a ele apenas sobre a metade do orçamento de TI e pessoal. A outra metade do pessoal de TI não era responsabilidade dele e se en-contrava dispersa pelo resto da empresa. Duas semanas depois de sua chegada, os auditores, preparando um relatório para o conse-lho de administração (com o qual Daniel ainda não havia tido a oportunidade de se reunir), perguntaram-lhe se ele achava que o departamento de TI era eficaz em termos de custos e se este se en-contrava de acordo com todas as normas apropriadas.

Daniel não acreditava que o departamento de TI fosse eficiente em termos de custo ou que atendesse a todas as normas, mas ele relutava em dizer isso. Como recém-contratado, ele não tinha a mínima ideia de como o CEO ou o conselho de administração iria reagir caso ele dissesse a verdade. De acordo com a sua experiência, embora os CEOs prefiram que os auditores digam "a verdade", sempre há a questão de quando e qual o nível de verdade contar a eles. Ele decidiu contar a verdade ao auditor daquilo que ele sabia de sua limitada experiência dentro da empresa: *Não, ele não acreditava que fosse possível para a empresa atender as normas. Não, ele não tinha nenhuma visibilidade sobre o investimento descentralizado em TI. Sim, ele estava preocupado que as unidades de negócios não tivessem os conhecimentos necessários para garantir o atendimento às normas. Não, não parecia haver nenhuma padronização já que, aparentemente, seus colegas compravam aquilo que queriam. Não, ele não poderia dizer que existiam controles apropriados implementados. Não, ele não acreditava que eles fossem eficientes em termos de custos nem preparados para o crescimento. Estaria ele preocupado com a posição competitiva da empresa? Sim, embora por enquanto provavelmente ele fosse muito novo dentro da empresa para ter certeza.* Ele preparou-se para a "chuva radioativa".

Na semana seguinte o auditor esteve presente na reunião do conselho, mas Daniel não. No dia seguinte, depois da conclusão da reunião, o CEO chamou Daniel em sua sala. Esperando o pior, Daniel ficou surpreso ao ouvir o CEO dizer-lhe: "Daniel, a partir de agora todo o pessoal de TI estará subordinado a você, e você será responsável pelo orçamento para TI em sua integralidade. Não me sinto à vontade com os riscos que você e o auditor apontaram e estamos tomando medidas imediatas para enfrentar a situação".

## 204 Executivo em Pele de Lobo

Daniel, sem perceber, agiu como um executivo de TI-Lobo. Ele havia inadvertidamente empregado uma ADM e deu um golpe sem derramamento de sangue envolvendo o auditor e contando a ele aquilo que os outros tiveram medo de dizer. Neste caso, a planilha do auditor foi uma ADM ao ser apresentada para o conselho de administração e a melhor amiga do executivo de TI em uma guerra de expansão.

Alguns executivos de TI deliberadamente vão ao conselho para informar o que eles consideram desafios ou riscos significativos relacionados com a área de TI que eles não foram capazes de resolver através da diretoria ou outros canais dentro da empresa. Nem sempre o sucesso é garantido e pode ser o fim de uma carreira ou uma manobra limitante se o conselho não concordar ou não apreciar lançar luz sobre uma situação problemática. Caso o conselho ou o CEO tivessem reagido de forma diferente, o resultado poderia ter sido muito danoso para Daniel. Graças ao seu sucesso, ele ajudou a proteger a empresa e a evitar a devastação provocada por uma longa batalha para ter o controle da situação e garantir o atendimento às normas.

## A imprensa e a ameaça de escrutínio público são multiplicadoras de força exponenciais

Por mais poderoso que um auditor ou conselho de administração possam ser, tirar proveito da opinião pública de milhões é exponencialmente mais eficaz. Michaela é executiva de TI-Lobo de uma grande área governamental. Um líder político anunciou um grande projeto de integração relacionado com TI que seria completado em doze meses. Ele designou o órgão de Michaela para ser encarregado do ambicioso projeto. A primeira vez que Michaela ouviu falar sobre o projeto foi em uma coletiva de imprensa. Imediatamente ela se aproximou do líder político e disse a ele que ela estava disposta a fazer tudo para alcançar o objetivo por ele proposto. Entretanto, ela tinha um pessoal reduzido à sua disposição apenas para dar conta do conjunto atual de iniciativas de TI além de sobrecarga de trabalho; portanto, ela precisava de dinheiro e consultores para completar o ambicioso projeto. O líder político recusou o pedido, com a imperiosa diretiva: "Simplesmente transforme isso em realidade!".

Certos executivos de TI brandos teriam feito o possível e o impossível para encontrar uma maneira de concretizar o projeto sem nenhum recurso adicional. Eles acreditariam que o anúncio público do político seria uma armadilha para eles e suas reputações estariam em jogo. Embora isso possa ser verdade, Michaela tinha esperteza suficiente para usar a coletiva de imprensa para "colocar a corda no pescoço" do político. Ela se deu conta que, na verdade, a reputação do político diante da opinião pública estava mais em jogo do que a sua própria. Portanto, ela decidiu usar uma tática, melhor descrita como "apertar o cerco" em torno do político. Cada vez que o político lhe pedia uma atualização, ela lhe dizia que eles estavam de fato fazendo o máximo que podiam, mas sem recursos adicionais provavelmente o projeto não seria terminado dentro do prazo anunciado.

De forma previsível, o político periodicamente lhe lembrava para fazer a coisa acontecer e ela, continuamente, lhe dizia que eles estavam fazendo o máximo possível, porém, provavelmente não conseguiriam cumprir o prazo. Em seguida, ela informou ao político que a imprensa havia solicitado uma entrevista com ela para discutir a empolgante iniciativa. O político entrou em pânico e Michaela colocou pressão sobre ele dizendo-lhe o que ela pretendia dizer à imprensa e milhões de cidadãos. *O que ela iria dizer à imprensa? Por que não a verdade, obviamente, já que o político não iria pedir a ela para mentir, não é mesmo? Não, ela não poderia evitar falar com a imprensa. Ela havia aceitado dar a entrevista e cancelá-la não seria correto de sua parte. Sim, ela teria que contar a eles que o projeto havia sido iniciado sem verbas e pessoal suficiente caso perguntassem a ela. Mas, por vezes, acontecem milagres na TI, não é mesmo?*

Como a imprensa pressionava e o noticiário havia se tornado cada vez mais cético em relação ao cumprimento do prazo iminente, "de repente" o político teve a ideia de injetar verbas e recursos de consultoria substanciais no projeto. Embora os executivos de TI brandos resistissem em usar a imprensa e a exposição ao público desta maneira, Michaela reconheceu o quão poderoso isso poderia ser em tal situação. Agindo com cautela, ela não foi atrás da imprensa nem deixou vazar qualquer informação. Ela simplesmente reconheceu que o político havia lhe passado uma ADM e ela a usou contra ele em vez de deixar que ela própria se transformasse em alvo. O projeto foi executado dentro do prazo e o político se tornou um herói que a população, agradecida, reelegeu. E Michaela continuou no cargo no próximo mandato para ajudar o político a continuar suas realizações. Felizmente, poucos executivos de TI precisam chegar a este ponto para conseguir o resultado desejado. Em geral, a simples ameaça implícita é suficiente para se conseguir o efeito desejado.

## Certas vezes, a arma mais poderosa é ter paciência para deixar que os inimigos se autodestruam

Um dos desafios mais difíceis enfrentados por um executivo de TI-Lobo é saber quando tomar a medida extrema de recuar as tropas e deixar que o próprio inimigo se autodestrua. Depois, a única coisa a fazer é "recolher os cacos". Certas vezes, quando uma cultura sombria exige intervenções extremas, isto é indicativo de que ela está muito danificada para ser salva e as ações do executivo de TI irão apenas adiar o inevitável. Isso irá apenas estender a batalha e a guerra, resultando em mais baixas de ambos os lados sem alterar o cenário. Um líder firme irá relutar em permitir que isso aconteça, mas irá reconhecer que retroceder todo o caminho já percorrido e permitir que o conflito tome seu rumo talvez seja a escolha mais misericordiosa.

Consideremos a situação descrita por um executivo de TI-Lobo: "Tornei-me executivo de TI de uma instituição beneficente que funcionava mal e seu pessoal trabalhava lá há um bom tempo. Eles praticamente se recusavam a realizar qualquer trabalho e não tinham o mínimo senso de urgência. Eu já havia trabalhado em outras instituições beneficentes em que as pessoas davam duro para executar a missão, eram inovadores e contribuíam positivamente; porém, na atual instituição não havia o menor vislumbre deste tipo de comportamento. Fiz de tudo para ajudá-los a progredir, mas como nada havia funcionado, decidi deixá-los à deriva, rumo ao insucesso. Parei de protegê-los e dar desculpas em nome deles, e deixei que ocorressem várias falhas de TI, brechas de segurança e que outros problemas viessem à tona. Em seguida, recomendei que todo o setor fosse terceirizado e a diretoria concordou. Não era o resultado que eu queria, porém me dei conta que eu estava apenas adiando o inevitável em detrimento da importante missão da organização".

Tais situações não são exclusivas de um único setor e surgem em muitas empresas em que forças sombrias corromperam o ambiente a ponto de elas sobrepujarem a capacidade de qualquer executivo de TI de ganhar uma guerra através de poder ou então da manipulação. Estas situações sombrias extremas não são exclusivas do departamento de TI e, normalmente, se aplicam às iniciativas interdepartamentais e equipes que estão tão viciadas que elas são insensíveis a praticamente qualquer tática, branda ou sombria. Então a melhor linha de ação para a empresa é deixar que elas naufraguem sob seu próprio peso sombrio e estabeleçam uma nova linha de ação. Nestes casos extremos, um executivo de TI-Lobo irá reconhecer que a melhor forma de vencer a guerra é deixar que o inimigo a perca.

### Kit de Sobrevivência do Lobo

Executivos de TI que aprendem a amplificar o seu poder e suas táticas de manipulação podem ser bem-sucedidos em uma guerra. Os executivos de sucesso constroem seus pontos fortes e habilidades, planejam cuidadosamente suas campanhas e tiram proveito da boa sorte que pode ser parecido com um inimigo passando--lhe, inadvertidamente, uma arma para usá-la contra este último. Guerras efetivas exigem a habilidade de inspirar que os outros o sigam e a abnegação de fazer as coisas mais difíceis – todas na esperança de tirar a empresa de uma guerra sombria e colocá-la dentro de um período de paz, pleno de luz.

Lembre-se:

- Algumas vezes a alternativa é a falta de alternativas.
- Um auditor com uma planilha é um multiplicador de forças.
- A imprensa e a ameaça de escrutínio público são multiplicadoras de força exponenciais.
- Certas vezes, a arma mais poderosa é ter paciência para deixar que os inimigos se autodestruam.
- Nestes casos extremos, um executivo de TI-Lobo irá reconhecer que a melhor forma de vencer uma guerra é deixar que o inimigo a perca.

Exploramos o lado sombrio da liderança nas três disciplinas maquiavélicas: poder, manipulação e guerra, e o bem que pode provir do emprego destas táticas. Você ainda quer ser um Lobo? No início desta jornada você se tornou um membro honorário da alcateia maquiavélica ao decidir ler este livro. Agora, se você ainda quer ser um executivo de TI-Lobo e, sobretudo, o líder de sua própria alcateia, você tem de aplicar a sabedoria daqueles que lhe precederam.

Vamos dar os próximos passos juntos.

**Luz** **Sombra**

Manipulação

Poder

Guerra

Ameaça

"Refeição" (presa)

Guerra

Poder

Manipulação

# Hoje

*Os homens se deixam levar mais pelas coisas presentes, do que aquelas do passado;*

*E ao encontrarem seu próprio bem no presente, então passam a desfrutá-lo e não procurarão mais nada, e estarão prontos a defenderem o novo príncipe de todas as maneiras, desde que este não falte com a palavra nos demais aspectos.*

*E assim ele terá a dupla glória de ter estabelecido um novo principado e de tê-lo fortalecido e adornado com boas leis, bons exércitos, bons aliados e bons exemplos.*

Maquiavel, *O Príncipe*

# 20. Um Lobo Deve Dar um Passo de Cada Vez

*Portanto, aquele que em um novo principado julgar necessário garantir-se contra os inimigos, ganhar amigos, conquistar, pela força ou através de fraude, fazer-se temido ou amado pelo povo,*

*ser seguido e reverenciado pelas tropas, destruir todos aqueles que podem ou devem prejudicá-lo, substituir a antiga pela nova ordem das coisas,*

*ser severo sem deixar de ser cordial, magnânimo e liberal, desfazer um exército desleal e criar um novo, preservar a amizade de reis e príncipes, de tal modo*

*a poderem beneficiá-lo com solicitude e que tenham receio em prejudicá-lo, não poderá encontrar exemplo mais atual do que nas ações deste.*

Maquiavel, *O Príncipe*

## Este é o seu último Kit de Sobrevivência do Lobo

Ao longo desta exploração de Maquiavel e do Ecossistema de Animais Radicais, nós o desafiamos a transitar pelo lado sombrio e considerar táticas que raramente são discutidas em uma empresa cortês. Liderança e guerra raramente são atitudes de cortesia e, muitas vezes, elas são, pelo contrário, infames. Porém, quando um executivo de TI se dá bem no trato com questões sombrias, em geral, é para o benefício de muitos. Este último Kit de Sobrevivência do Lobo inclui lembretes de princípios fundamentais, sugere medidas para você tomar hoje e apresenta diretrizes para serem consideradas à medida que você continua na jornada para se tornar um líder mais forte.

## Aprecie o animal que você é hoje

Enquanto lia este livro provavelmente você descobriu ter uma série de traços de Lobo, porém, tinha um comportamento mais próximo de um outro animal. Descobrir o seu estilo dominante é uma parte importante da jornada. Reconheça seus pontos fortes e se esforce para construir o seu arsenal de modo a ser um executivo de TI poderoso.

## Se estiver em uma empresa do bem, você é um felizardo

Evite usar agressivamente táticas sombrias em empresas do bem. Elas podem corromper comportamentos positivos e colaborativos e fazer com que o executivo de TI se destaque segundo uma ótica negativa. Entretanto, mesmo em culturas do bem, o executivo de TI deve monitorar cada parte interessada capaz de adotar comportamentos sombrios e tomar contramedidas. Embora a filosofia tradicional da administração sugira que buscar comportamentos sombrios possa ser uma profecia autorrealizável, Maquiavel sugeriria que aqueles que não as buscam certamente serão pegos de surpresa, despreparados e incapazes de se defenderem.

## Permaneça tempo demasiado no lado do bem e passe a correr o risco de se tornar a presa

Embora os executivos de TI sempre devam se esforçar ao máximo para estar no lado do bem, eles precisam reconhecer que, quando a empresa ou indivíduos poderosos dela tendem para o lado sombrio, as estratégias do bem são perigosas. Executivos de TI do bem podem ser vistos pelos outros como pessoas boas, mas também como fracos ou presas e correr o risco de virar uma "refeição" para um predador.

## Permaneça tempo demasiado no lado sombrio e passe a correr o risco de se tornar uma ameaça

Comportamentos sombrios são essenciais para o sucesso de um executivo de TI, especialmente ao lidar com um ambiente sombrio. Porém, quando os executivos de TI permanecem por muito tempo nesta zona, eles correm o risco de serem vistos como maus, destrutivos ou interesseiros e podem ser tachados como uma ameaça que precisa ser eliminada.

## O Lobo cinzento sempre tem uma pata no lado luz e a outra no lado sombra

Conforme explica Maquiavel, a liderança é cheia de contradições. A habilidade de um executivo de TI transitar com facilidade entre

**216** Executivo em Pele de Lobo

os lados luz e sombra irá determinar se ele irá crescer transformando-se em um Lobo cinzento ou irá cair em um abismo.

Um grande executivo de TI-Lobo sempre usa táticas do bem quando estas forem eficazes, mas usará o lado sombrio quando preciso, sendo capaz de obter um resultado benéfico.

## Os aspirantes a Lobo terão que transitar nos extremos para reforçar o centro

Infelizmente, o caminho para se chegar a ser um executivo de TI forte e líder não é uma linha reta que se inicia com relativa fraqueza e termina com moderação. Quando líderes frágeis usam o poder e a manipulação com moderação, eles são vistos como líderes sem força que estão tentando ser fortes. Um executivo de TI-Lobo usa visivelmente táticas extremas sombrias como aquelas do Leão, da Serpente e do Tubarão. Depois disso, quando ele aplica táticas mais moderadas no estilo Lobo cinzento, ele parece ser um formidável predador que está reinando em sua força e sendo magnânimo ou misericordioso. Portanto, o caminho para se tornar um Lobo forte é o que se irradia para os extremos, e que depois retorna para a região cinzenta.

## Um Lobo não é nem um Cordeiro nem um Leão poderoso, mas ambos ao mesmo tempo

O poder é eticamente neutro. Os executivos de TI podem exercê-lo tanto para o bem quanto para o mal, mas se eles não o tiverem eles não poderão usá-lo para proteger a si mesmo bem como os demais pelos quais é responsável. Os Cordeiros se esforçam para serem apreciados, porém têm pouquíssimas outras formas de se defender. Os Leões se esforçam para serem vistos como realizadores, porém poderão assustar os outros enquanto fazem isto. Os Lobos encontram o equilíbrio entre serem suficientemente apreciados, porém, ao mesmo tempo, assertivos o bastante para terem o trabalho realizado. E, quando um Lobo mais forte os ameaça, eles sabem quando se portar como Cordeiros e permanecerem vivos, prontos para lutar em um outro dia.

## Um Lobo não é nem Pombo nem Serpente, mas ambos ao mesmo tempo

Nem sempre o poder é efetivo, particularmente em face de um inimigo manipulador que torna difícil para um poderoso executivo de TI saber onde atacar. Quando os executivos de TI usam técnicas brandas para abrirem caminho, isto é chamado de influência. Quando usam técnicas sombrias, trata-se de manipulação. Pombos adotam rígidos sistemas de valores, mas podem parecer inflexíveis ou pouco práticos para os outros. Serpentes são maleáveis e ajustam suas táticas à situação, mas podem ser vistas como não dignas de confiança. Os Lobos encontram o equilíbrio ao possuir um sólido sistema de valores, mas cientes de que os valores dos outros podem ser diferentes dos seus. Eles usam a manipulação para garantir que eles próprios não se tornem vítimas dela.

## Um Lobo não é nem Golfinho nem Tubarão belicoso, mas ambos ao mesmo tempo

O território dos executivos de TI está sujeito a invasões de outras unidades de negócios e concorrentes externos. Portanto, os executivos de TI precisam saber como se defender e deflagrar guerras ofensivas quando apropriado, para ajudar no crescimento de suas empresas. Consequentemente, eles precisam aprender como ampliar as táticas de poder e manipulação e conduzir campanhas envolvendo várias frentes ao mesmo tempo. Os Golfinhos ganham adeptos ao cuidarem da comunidade, porém, possuem poucas ferramentas quando a comunidade se desagrega. Os Tubarões matam com extrema intolerância e conquistam seguidores através das vitórias, mas correm o risco de aterrorizarem seus próprios seguidores e possíveis aliados. Os executivos de TI-Lobo se preocupam o suficiente com a comunidade a ponto de criar um sentimento de lealdade entre seus seguidores, mas estão dispostos a provocarem destruição em massa e pressionar o grande "botão vermelho" quando não tiverem outra alternativa.

## Se você se encontra em uma situação hostil hoje, pode ser culpa sua. E daí?

Ao ler este livro, talvez você tenha se dado conta de que a sua própria forma de agir pode ter contribuído para a situação em que se encontra hoje. Isso é prova de que você não está sozinho nesta e que há poucas razões para você ter percebido isso antes. E daí? Caso você tenha sido o causador do problema, não deixe que isso lhe atrapalhe. A boa notícia é que você tem o controle de suas próprias ações e, consequentemente, pode mudá-las para tomar o rumo certo. É muito mais difícil mudar o comportamento dos outros do que o próprio.

## Muitas vezes o conflito é sinal de sucesso; portanto, aceite-o

Os líderes têm que aceitar a realidade de que muitas vezes conflito é sinal de sucesso. Ser ignorado é muito mais perigoso. Como líder, você tem algo que eles querem; portanto, você é o alvo. Alternativamente, os atores podem ter mudado ou quem sabe podem estar sendo vítimas de coação. Os executivos de TI-Lobo têm como foco permanecerem calmos quando outros tentarem criar caos ou tirá-los do sério. Durante um conflito, quem perde o autocontrole perde a batalha. Aqueles que raramente se envolvem em batalhas são os que mais provavelmente perderão o controle. Portanto, aceite conflitos e participe; a prática leva à perfeição.

## Você cometerá erros; o objetivo não é a perfeição

À medida que experimenta diferentes técnicas de poder, manipulação e guerra, certamente você irá cometer erros. Se não cometer nenhum erro, talvez não esteja correndo risco o bastante. Pode ser que você acidentalmente tenha pulado na parte funda da piscina e será preciso se agarrar à superfície. Lembre-se de que a diferença entre correr risco e ser imprudente é ser ponderado e analisar suas alternativas tomando como base risco, recompensa e efeitos colaterais. Não permita que o perfeccionismo o confunda ou lhe incuta pânico. A maior parte dos erros é recuperável e irá ajudá-lo a coletar informações e a expandir sua própria tolerância a correr riscos.

## Nem sempre o executivo de TI-Lobo está destinado a ganhar

Se você falhar ou tiver falhado no passado, deve haver uma razão. Quando os executivos de TI-Lobo se sentem compelidos a aplicar continuamente técnicas extremas, o ambiente pode estar contaminado e em uma situação irremediável. Em tais casos, saia da empresa, caso possa. Se isso não for possível devido a questões financeiras pessoais ou outros impedimentos, lembre-se que Maquiavel era totalmente pragmático. Concentre-se em táticas defensivas e na esperança de que ocorra uma mudança na cultura para o lado luz.

## Inspire-se em outros aspectos de sua vida

Considere que animal você é em sua vida privada ou em papéis diferentes que você desempenha na comunidade. Não é nada difícil encontrar executivos de TI que são Lobos em casa, mas animais dóceis no trabalho devido à longa tradição de práticas de TI brandas. Muitos executivos de TI manipulam facilmente seus filhos e incutem medo neles quando necessário. Considere a posição firme e ponderada que você utiliza em outros aspectos de sua vida e aplique este mesmo conjunto de habilidades e inspiração no seu papel como executivo de TI.

## Se você não gosta das regras, provavelmente elas são suas; portanto, mude-as

Muitas das regras com as quais convivemos são autoimpostas. Muito embora elas atendam a um propósito por um certo tempo, temos de reconhecer quando elas se tornam desatualizadas ou então não se aplicam ao nosso caso. Regras como *seja sempre transparente, sempre completamente honesto, jamais use o poder contra os outros e evite criar efeitos colaterais*, têm, cada uma delas, sua utilidade e se baseiam em boas intenções, porém, podem nos induzir ao erro e nos conduzir ao malogro. Ao lidar com uma situação difícil, sempre mude suas regras e suposições para ter certeza de que não está, inadvertidamente, limitando suas opções para o sucesso.

## Não peça permissão para ser um executivo de TI-Lobo; simplesmente se torne um

À medida que coloca uma pata em frente da outra, você começará a ver resultados. O sucesso pode ser medido na diferença em como os seus colegas o considerarão e na forma como eles o tratarão bem como o departamento de TI. Isso pode ser medido em termos de melhores resultados comerciais que você será capaz de gerar para a empresa através de crescimento significativo, economias para obtenção de um resultado positivo e mitigação de riscos. Pode ser medido com a sua crescente sensação de controle e habilidade de encontrar soluções factíveis para ajudar a se atingir o sucesso mesmo nas situações mais difíceis. A jornada pode ter sido sombria, porém, você verá a luz no fim do túnel e conseguirá atravessá-lo.

## Seja, sobretudo, digno de ser seguido

Um dos conceitos maquiavélicos mais fascinantes é a sua referência ao antigo conceito da *Virtu*. Em algumas traduções, esta pala-

## 222 Executivo em Pele de Lobo

vra é definida como virtude. Embora a palavra de fato transmita parte do que o conceito pretende, a verdadeira definição de *Virtu'* é *ser digno de ser seguido*. Maquiavel acreditava que a liderança era um privilégio e um ônus, mas não um direito. Ele acreditava que a ética não era opcional e os líderes tinham de estar dispostos a fazer o que fosse melhor para o seu povo e para a República, devendo arriscar-se no processo. Eles têm de estar dispostos a lutar para criar algo de valor e, depois disso, estar dispostos a lutar para proteger o que criaram.

Os grandes líderes irão acordar e perguntar a si mesmos: *Estou sendo digno de ser seguido hoje?* Os executivos de TI-Lobo e aspirantes a sê-lo podem responder sim, mas eles sempre terão uma dúvida positiva para fazerem a mesma pergunta a si mesmos no dia seguinte.

# Agradecimentos

Meus agradecimentos aos revisores que me alertaram sobre os pontos bons, ruins e desagradáveis durante o percurso e continuamente me mantiveram dentro de padrões elevados: Leslie Brennan, Beverly Tramontelli, Audrey Apfel, Will Hahn, Bill Caffery, Diane Morello, Ken McGee, Andy Rowsell-Jones e Janice van Reyk.

A Dale Kutnick, por me encorajar persistentemente ao longo dos anos para ter este livro realizado e por me dizer que tom eu estava empregando.

Muito obrigada a Heather Pemberton Levy, que me orientou e me papariou ao longo do processo e me incitou a dizer aquilo que eu realmente queria dizer.

Obrigado às equipes editorial, de *marketing*, projeto e produção da Gartner, lideradas por Monica Virag, pela energia criativa e disposição de partir para o lado sombrio.

Agradecimentos especiais a Andrew Spender pelo amparo a este projeto, dando seu apoio e entusiasmo em cada etapa desta jornada.

E, sobretudo, meus agradecimentos aos vários executivos de TI que generosamente nos confidenciaram seus desafios, sucessos e estratégias maquiavélicas de modo que outros profissionais pudessem se beneficiar a partir de suas experiências.

# Sobre a Autora

Tina Nunno é vice-presidente de pesquisa da Gartner, Inc., a maior empresa do mundo de consultoria em TI. Esta empresa é responsável pela condução de pesquisas e desenvolvimento de publicações voltadas para ajudar executivos de TI e suas organizações ao redor do mundo a aumentarem seus desempenhos e contribuições. Tina especializou-se em questões de gestão enfrentadas por executivos de TI entre as quais o trabalho com o conselho de administração, estratégias de comunicação para executivos, mudança nas estratégias de liderança e de governança corporativa.

A pesquisa mais recente de Tina Nunno lida com as complexas decisões dos executivos de TI e questões políticas delicadas dentro das organizações. Ela se concentra em táticas e estratégias específicas para administrar "minas terrestres" políticas de TI, dinâmica do poder e a política de parceria com o restante da empresa. Ela se apresenta como palestrante de destaque, fazendo discursos que dão a tônica de conferências ao redor de todo o mundo. Foi coautora da pesquisa anual de levantamento sobre executivos de TI da Gartner e é uma das fundadoras da Women's CIO Community, da Gartner. Tina Nunno é formada em História pela Yale University e possui mestrado em Administração Pública pela American University em Washington, D.C.